मोहनदास नैमिशराय

मोहनदास नैमिशराय का जन्म 5 सितम्बर, 1949 को मेरठ, उत्तर प्रदेश में हुआ। पाँच वर्ष तक डॉ. आंबेडकर प्रतिष्ठान, भारत सरकार, नई दिल्ली में सम्पादक एवं मुख्य सम्पादक रहे। महात्मा गांधी अन्तरराष्ट्रीय हिन्दी विश्वविद्यालय, वर्धा एवं अन्य विश्वविद्यालयों में विज़िटिंग प्रोफ़ेसर रहे। भारतीय उच्च अध्ययन संस्थान, शिमला में अध्येता (2007-2009) के रूप में 'मराठी और हिन्दी दलित नाटक' पर शोध।

उनकी प्रमुख कृतियाँ हैं—'क्या मुझे ख़रीदोगे', 'मुक्तिपर्व', 'वीरांगना झलकारी बाई', 'ज़ख़्म हमारे', 'महानायक बाबा साहेब डॉ. आंबेडकर', 'आज बाजार बन्द है', 'गया में एक अदद दलित' (उपन्यास); 'आवाज़ें', 'हमारा जवाब', 'बीस दिनों की जन्नत', 'खिड़की' (कहानी-संग्रह); 'सफ़दर एक बयान', 'आग और आन्दोलन' (कविता-संग्रह); 'अपने-अपने पिंजरे' (2 भागों में), 'रंग कितने मेरे संग' (आत्मकथा, तीसरा भाग); 'अदालतनामा', 'हैलो कॉमरेड' (नाटक); 'भारतरत्न डॉ. भीमराव आंबेडकर', 'आत्मदाह संस्कृति : उद्भव और विकास', 'उजाले की ओर बढ़ते क़दम', 'स्वतंत्रता संग्राम के दलित क्रान्तिकारी', 'भारतीय दलित आन्दोलन का इतिहास' (चार भागों में), 'पेरियार : जीवन और संघर्ष', 'एक सौ दलित आत्मकथाएँ : इतिहास एवं विश्लेषण', 'हिन्दी दलित रंगमंच की दस्तक' (शोध व विमर्श); 'हिन्दुत्व का दर्शन', 'डॉ. आंबेडकर और कश्मीर समस्या', 'भारत के अग्रणी समाज सुधारक' (अनुवाद); 'दलित उत्पीड़न विशेषांक', 'हिन्दी दलित साहित्य का इतिहास' (सम्पादन) आदि।

'कर्ज' कहानी और 'वीरांगना झलकारी बाई' उपन्यास पर डाक्यूमेंट्री फिल्में बनी हैं। 'अपना गाँव' कहानी और 'आज बाज़ार बन्द है' उपन्यास का नाट्य रूपान्तरण। इसके अलावा खुद मोहनदास नैमिशराय पर लगभग बीस डाक्यूमेंट्री फिल्में बच चुकी हैं।

उन्हें 'डॉ. आंबेडकर स्मृति पुरस्कार', 'वाणिज्य हिन्दी ग्रन्थ पुरस्कार', कनाडा, 'डॉ. आंबेडकर राष्ट्रीय पुरस्कार', 'डॉ. आंबेडकर इंटरनेशनल मिशन पुरस्कार', 'गणेश शंकर विद्यार्थी पुरस्कार', 'साहित्य भूषण सम्मान' समेत कई अन्य पुरस्कारों से सम्मानित किया जा चुका है।

सम्प्रति : हिन्दी मासिक 'बयान' पत्रिका का सम्पादन।

निवास : बी.जी. 5ए/30-बी., पश्चिम विहार, नई दिल्ली-110 063

ई-मेल : namishray@hotmail.com

क्रान्तिपुरुष ज्योतिराव फुले

मोहनदास नैमिशराय

राधाकृष्ण पेपरबैक्स

राधाकृष्ण पेपरबैक्स में

पहला संस्करण : 2024
दूसरा संस्करण : 2025

राधाकृष्ण पेपरबैक्स : उत्कृष्ट साहित्य के जनसुलभ संस्करण

राधाकृष्ण प्रकाशन प्रा. लि.
जी-17, जगतपुरी
दिल्ली-110 051
द्वारा प्रकाशित

शाखाएँ : अशोक राजपथ, साइंस कॉलेज के सामने, पटना-800 006
पहली मंजिल, दरबारी बिल्डिंग, महात्मा गांधी मार्ग, प्रयागराज-211 001
1, अनमोल सोराबजी संतुक लेन, धोबी तलाव, मरीन लाइंस, मुम्बई-400 002
वेबसाइट : www.radhakrishnaprakashan.com
ई-मेल : info@radhakrishnaprakashan.com

बी. के. ऑफसेट
नवीन शाहदरा, दिल्ली-110 032
द्वारा मुद्रित

मूल्य : ₹250

KRANTIPURUSH JYOTIRAV FULE
Novel by Mohandas Naimisharay

ISBN : 978-81-19989-71-3

जिन साथियों ने—देश ही नहीं, दुनिया भर में
क्रान्तिपुरुष ज्योतिराव फुले और सावित्रीबाई फुले द्वारा शुरू किए गए
धार्मिक, सांस्कृतिक, शैक्षिक और सामाजिक बदलाव के आन्दोलन के साथ उनके
साहित्य को जन-जन तक ले जाने में मदद की—
उन सभी को समर्पित

आधुनिक भारत के उन महानतम शूद्र ***महात्मा जोतिबा फुले*** *(1827-1890) की स्मृति में जिन्होंने हिन्दू समाज के निम्न वर्गों को, उच्चतर वर्णों की उनकी गुलामी के प्रति जागृत किया और जिन्होंने इस सिद्धान्त का प्रचार किया कि भारत के लिए विदेशी शासन से मुक्ति के मुकाबले सामाजिक लोकतंत्र अधिक महत्त्वपूर्ण है।*

—बाबा साहेब डॉ. आंबेडकर
10 अक्टूबर, 1946

शूद्र कौन थे? पुस्तक का समर्पण

ज्योतिराव अगर तेल तो सावित्रीबाई फुले ज्योति

मराठीभाषी लेखकों-कवियों तथा चिन्तकों ने आरम्भ से ही हिन्दी साहित्यकारों तथा विचारकों से रिश्ते बनाए हैं। साथ ही मराठी रचनाओं का भी अनुवाद कर हिन्दी भाषियों ने उनका स्वागत किया है। मेरी जानकारी में नैमिशराय जी ने लगभग पचास वर्षों से महाराष्ट्र से अपने रिश्ते बनाकर रखे हैं। वे कितनी बार नागपुर, बम्बई, पुणे, नासिक, वर्धा, औरंगाबाद, चन्द्रपुर, भुसावल, कोल्हापुर, सोलापुर, सतारा गए तथा कब-कब दादा साहेब रुपवते, वसन्त मून, नामदेव ढसाल, दया पवार, मीनाक्षी मून, उर्मिला पवार, शरण कुमार लिम्बाले, लक्ष्मण गायकवाड़, सुलेखा कुम्भारे, डॉ. अमिताभ, गोरख बंसोडे, अविनास डोलस, राजा ढाले, अर्जुन डांगले, बाबूराव बागूल, गणेश मंत्री, बाबा आढ़ाव, भाई वैद्य, सविता आंबेडकर, प्रकाश आंबेडकर, जे.वी. पवार, हरि नरके, आर.आर. भोले, प्रो. विमल कीर्ति, विलास वाघ, प्रो. योगेन्द्र कवाड़े, प्रो. गंगाधर पानतावणे, मिलिन्द फुलझले, विनोद आप्टे आदि से मिले, इस पर किसी को अवश्य ही शोध करना पड़ेगा।

मेरे द्वारा यह सब लिखने का प्रयोजन मात्र इतना है कि नैमिशराय जी ने महाराष्ट्र में दलितों के साथ-साथ गैर-दलित लेखकों/पत्रकारों/राजनीतिज्ञों/ के साथ अच्छे-खासे रिश्ते बनाए। रिश्ते बनाने का उद्देश्य था मराठी और हिन्दी लेखकों के बीच अधिक से अधिक संवाद हो और उनके बीच दलित साहित्य का आदान-प्रदान हो। इसके लिए उन्होंने मराठी भाषा भी सीखी। साथ ही 'बाबा साहेब डॉ. आंबेडकर आणिं कश्मीर समस्या' का हिन्दी अनुवाद भी किया।

वरिष्ठ लेखक और पत्रकार मोहनदास नैमिशराय ने ज्योतिबा फुले के जीवन-संघर्ष और समाज-हित में लिखे गए उनके साहित्य को ध्यान में रखते हुए महत्त्वपूर्ण उपन्यास की रचना की है। हिन्दी में सम्भवत: यह पहला उपन्यास है। जिसके माध्यम से उन्होंने न सिर्फ इतिहास और साहित्य को बल्कि मराठा समाज के भीतर पैठ बनाकर जाति के सवालों को भी रेखांकित करने के प्रयास किया है। कहना न

होगा कि ज्योतिबा फुले के समता और बन्धुता के दर्शन से भी पाठकों का परिचय कराया है। इनके साथ ही अनुभवी लेखक ने सावित्रीबाई फुले की सामाजिक प्रतिबद्धता से परिचय कराकर हिन्दी भाषियों को सुखद आश्चर्य में डाल दिया है। इससे शोधार्थियों और शिक्षार्थियों के बीच यह सवाल अनायास उभर आता है कि उपन्यास के माध्यम से देश की पहली शिक्षिका के जीवन संघर्ष को रेखांकित करने में उनसे इतनी देरी क्यों और कैसे हो गई? अगर वे ज्योतिबा के जीवन-संघर्ष के साथ सावित्रीबाई द्वारा समाज को दी गई सेवाओं का जिक्र न करते तो यह उपन्यास अधूरा ही रह जाता। निश्चित ही सावित्रीबाई ने ज्योतिबा को ऊर्जा दी थी।

लेखकों और सामाजिक कार्यकर्ताओं को यह बात ध्यान में रखनी चाहिए कि राष्ट्रमाता सावित्रीबाई फुले ने ही ज्योतिबा फुले की सबसे पहले जीवनी लिखी है—'बावनकशी सुबोध रत्नाकर' (बोधपरक बावन रत्न), किन्तु इस पुस्तक को ज्योतिबा फुले की जीवनी के रूप में प्रकाशित तथा प्रसारित करने का प्रयास 'सत्यशोधक समाज' ने या कभी किसी अन्य व्यक्ति ने किया हो, इस बात के सबूत बहुत खोज करने पर भी प्राप्त नहीं हो पाते।

'बावनकशी सुबोध रत्नाकर' ज्योतिबा फुले की मृत्यु के चार-पाँच महीने पश्चात शुक्ल पक्ष 15 शके 1813 (सन् 1891) को लिखी गई थी। इस जीवनी में कुल 52 कविताएँ हैं, जो—(1) उपोदघात (भूमिका), (2) सिद्धता (तैयारी), (3) पेशवाई (पेशवा राज), (4) आंग्लाई (ब्रिटिश राज), (5) ज्योतिबा (ज्योतिबा जीवन कार्य) और (6) उपसंहार (समापन)। शीर्षक से छह भागों में विभाजित है। यह जीवनी सावित्रीबाई फुले की मृत्यु के दो वर्ष पश्चात 1899 में सत्यशोधक समाज द्वारा प्रकाशित हुई।

पाठकों को स्मृतिशेष धनंजय कीर द्वारा लिखित 'ज्योतिबा फुले जीवन चरित्र' से ही सन्तुष्ट होना पड़ता है। 'मराठा' अखबार के सम्पादक और लेखक प्रह्लाद केशव अत्रे जी ने ज्योतिबा फुले के जीवन पर मराठी भाषा में फिल्म बनाई थी। 4 जनवरी, 1954 को आचार्य अत्रे द्वारा निर्मित और निर्देशित 'महात्मा फुले' फिल्म का मुहूर्त डॉ. आंबेडकर के हाथों सम्पन्न हुआ था। उस समय बाबा साहेब डॉ. आंबेडकर, कर्मवीर भाऊराव पाटिल, माईसाहेब आंबेडकर (सविता आंबेडकर) आदि के साथ स्वयं अत्रे जी भी मौजूद थे। वह फिल्म मराठी में बहुत चर्चित रही थी। इस तरह का प्रयास भारत की अन्य भाषाओं में भी किया जाना आवश्यक था जो नहीं हुआ। मराठी में नारायण आठवले जी ने ज्योतिबा फुले के जीवन पर

उपन्यास की रचना की है और उसे पुणे के किन्ही मेहता ने प्रकाशित किया है।

दलित साहित्य की जीवनी विधा ने आलोचकों तथा अध्ययनकर्ताओं का ध्यान विशेष रूप से आकर्षित किया है। किन्तु आलोचकों द्वारा सावित्रीबाई फुले द्वारा रचित 'बावनकशी सुबोध रत्नाकर' को आधुनिक भारतवर्ष की प्रथम काव्यात्मक जीवनी के रूप में रेखांकित न करने के कारणों की खोज करना जरूरी हो जाता है। मेरी दृष्टि में आलोचकों की ज्योतिबा फुले का साहित्य पढ़ने की अरुचि ही इसकी प्रमुख वजह दिखाई देती है। जबकि मराठी तथा हिन्दी के दलित साहित्य में जीवनी विधा ने अपनी जो छाप छोड़ी है और विशेष पहचान बनाई है, आलोचक उसे अवश्य ही रेखांकित करते नजर आते हैं।

मराठी के आंबेडकरवादी कवियों ने अपनी कविताओं में बाबा साहेब डॉ. आंबेडकर का जिक्र ज्ञानसूर्य, क्रान्तिसूर्य आदि के रूप में प्रायः किया है। ऐसे उदाहरण प्रचुर मात्रा में मिलते हैं। मराठी दलित साहित्य के आलोचक तथा आंबेडकरवादी विचारक मराठी कविता में प्रयुक्त ज्ञानसूर्य और क्रान्तिसूर्य जैसे विशेषणों तथा बिम्बों को कविता में आंबेडकरवादी साहित्य की विशेष उपलब्धि बताने से नहीं चूकते। मराठी के कवि और आलोचक डॉ. यशवन्त मनोहर अपनी एक कविता में ऐसी भाषा का प्रयोग करते हैं। 'मैं डॉ. आंबेडकर के होंठों पर खिला हुआ सूर्य हूँ।' किन्तु मराठी के किसी भी कवि, लेखक, चिन्तक, आलोचक ने यह बताने का कष्ट कभी किया ही नहीं कि आधुनिक मराठी कविता में सर्वप्रथम सावित्रीबाई फुले ने 1854 में प्रकाशित 'काव्य फुले' कविता-संग्रह की कविताओं में ज्योतिबा फुले के क्रान्तिकार्य की विशिष्टता को रेखांकित करते हुए उन्हें सूरज या सूर्य कहकर पाठकों के सामने रखने का प्रयास किया है।

सावित्रीबाई फुले 'काव्य फुले' अपनी कविता की शुरुआत इन पंक्तियों से करतीं हैं—

उगा सूरज
कहे और दिखाए
ज्योतिबा किस दिशा से उगा सूरज
दिखाए ज्योतिबा
अपनी उँगली उठाकर

इसके पश्चात वे कहती हैं :

अँधियारी जहर से भरी रात चली गई
भाग खड़ी हुई
और सृष्टि उजालों से जगमगा उठी
सूरज के तेज से

कविता में सावित्रीबाई की बातों से सहमति जताते हुए ज्योतिबा फुले उनसे कहते हैं—

सच कहती हो
गया अँधेरा
शूद्रादि जनता, जाग गई
जाग्रत हुई।

इसके पश्चात कविता द्वारा पाठकों के आगे ज्योतिबा फुले के क्रान्तिकार्य का निचोड़ रखकर सावित्रीबाई फुले कहती हैं—

जीवन बर्बाद करनेवाली रात की हुई समाप्ति
भाग खड़ा हुआ अज्ञान
सभी को जगाया इस सूरज ने
शूद्रों के क्षितिज में ज्योतिबा सूरज तेज से भरपूर अपूर्व उदित हुआ।

बहुजन समाज के लिए ज्योतिबा फुले वास्तव में सूरज जैसे हैं। इस बात की सत्यता को पाठकों के सामने दृढ़ता से रखते हुए सावित्रीबाई फुले 'काव्य फुले' की 'ज्योतिबा को प्रणाम' कविता में कहती हैं—

ज्योतिबा को नमन करती हूँ मनोभाव से
क्योंकि वे हमें देते हैं ज्ञान का अमृत
और दिखाते हैं सच्ची जीवन की राह।
ज्योतिबा है महान
कहे शूद्र अतिशूद्र जनता आवाज देकर
वे देते हैं हमें ज्ञान
और करते हैं हमारी मुक्तता।

सावित्रीबाई फुले अपनी 'ज्योतिबा की बानी या उपदेश' कविता में कहती हैं—

ज्योतिबा को प्रणाम
उनकी वाणी मन में है समाए।
ज्योतिबा की बातें हितकारी
उसे मन में धरे
जीवन का दर्पण उनकी बातें।
सच्चा करे मार्गदर्शन ज्योतिबा अपने
जीवन के अनुभवों से
है भलाई के उपदेश कहे सावित्री।

'संसार की राह' कविता में सावित्रीबाई ज्योतिबा फुले द्वारा बहुजन समाज को शिक्षित तथा जाग्रत करने के महान कार्य को रेखांकित करने के साथ-साथ एक अध्यापक के रूप में स्वयं सावित्रीबाई फुले को शिक्षित करने के कार्य का भी उल्लेख करती हैं—

मेरे जीवन में ज्योतिबा आनन्द के सागर
जैसे शहर हो बसा फूलों में।

बहुजन समाज पिछले दो हजार सालों से गुलामी के कारणों से दुखी पीड़ित हो जीने को मजबूर रहा है। उससे शिक्षा प्राप्त करने का अधिकार छीना जा चुका था। अंग्रेजों ने सर्वप्रथम सभी को शिक्षा का अधिकार दिया। किन्तु तब तक बहुजन समाज भी भाग्यवादी बन चुका था। शिक्षा लेना हमारा कार्य नहीं, यह मानसिकता उनकी ब्राह्मणों द्वारा बनाई गई थी। इस षड्यंत्र को नष्ट करने के लिए गुलामी के इतिहास की सचाई को अपनी कविता में रेखांकित कर बहुजन समाज को शिक्षा प्राप्त करने के अवसर का पूरा लाभ उठाने के लिए प्रेरित करते हुए सावित्रीबाई फुले कहती हैं—

पिछले दो हजार से भी ज्यादा सालों से
शूद्र जनता दुखी है पीड़ित है
और गुलामी की दलदल में फँसानेवाले
ब्राह्मणों की मनोभावों से सेवा करना
अपना कर्तव्य समझ बैठे हैं
उन्हें स्वघोषित भूदेव (ब्राह्मणों) ने

बर्बाद कर कहीं का नहीं छोड़ा
उनकी प्रगति में ब्राह्मण हैं रोड़ा।
शूद्रों के लिए हितकारी है शिक्षा पढ़ाई का मार्ग
शिक्षा प्राप्त करने से पशु जीवन से
मिलती है मुक्तता।

(शूद्रों की दु:ख-पीड़ा)

इसी तरह 'मनुस्मृति' द्वारा शूद्र जनता पर लगाई गई पाबन्दी उन्हें बर्बाद करने के लिए है, इस सचाई की व्यापक पड़ताल करते हुए 'मनु कहे' कविता में सावित्रीबाई फुले बहुजन समाज को सम्बोधित करती हुई उन्हें जागृत करती हैं—

जो हल चलाते हैं
जो खेती कर अनाज दिलाते हैं
वे बेवकूफ होते हैं
ऐसा षड्यंत्रकारी धूर्त पाखंडी
मनु कहे॥1॥

इसीलिए खेती किसानी मत कीजिए
कहे मनुस्मृति धर्म की आज्ञा की
आड़ में ब्राह्मणों को॥ 2॥

शूद्र के रूप में जन्म लेना
पूर्व जन्म का है पाप
उस पाप को इस जन्म में चुकता
करना अपना कर्तव्य समझे
सभी शूद्र॥ 3॥

समता विरोधी रचना का निर्माण
स्वेता कुरिती के
धूर्तों-ठगों का यह षड्यंत्र अमानवी॥ 4॥

इन दिनों बहुजन समाज के लिए 'मूलनिवासी' शब्द का इस्तेमाल करने का चलन जोरों पर है। किन्तु इस शब्द का सर्वप्रथम अपनी कविता में सावित्रीबाई फुले ने किया था। वे अपनी 'शूद्र शब्द का अर्थ' कविता में स्पष्टता से कहती हैं—

शूद्र शब्द का अर्थ है मूलनिवासी
जिन लोगों ने हमें किया पराजित
वे कहने लगे हमें शूद्र।

अंग्रेजी भाषा पढ़कर आजादी हासिल कीजिए और ज्ञानी बनिए। यह उपदेश और प्रेरणाप्रद बात अपनी 'अंग्रेजी पढ़ो' कविता में स्पष्टता से रखकर वह बहुजन समाज को जाग्रत करने के कल्याणकारी उद्‌देश्य को रेखांकित करती हैं—

विद्या के अभाव में
पशुवत हुए बहुजन
इसीलिए हाथ पर हाथ धरे न बैठो
करो ज्ञान प्राप्त॥ 1॥

शूद्र अतिशूद्रों के दुःख-दर्द मिटाने के लिए
अंग्रेजी पढ़ने का अवसर हाथ लगा है॥ 2॥

अंग्रेजी में ज्ञान हासिल कर तोड़ दीजिए जाति भेद की दीवारें
ब्राह्मणों का षड्यंत्र, फेंक दीजिए दूर कूड़े में॥ 3॥

'बावनकशी सुबोध रत्नाकर' की भूमिका में सावित्रीबाई फुले ज्योतिबा फुले के अद्वितीय कार्य यानी नारी शिक्षा के कार्य का उल्लेख कर स्पष्टता से कहती हैं—

जिनकी प्रेरणा से मैं कविता सृजन का कार्य करती हूँ
जिनके कार्य से परमानन्द का लाभ मिला है
जिनके प्रयासों से मैं शिक्षा हासिल कर पाई हूँ
उस ज्योतिबा को मैं प्रणाम करती हूँ।

आगे वे लिखती हैं—

बहुत संघर्ष और लड़ाई ब्राह्मणों और बौद्धों के बीच हुई
किन्तु विजय का परचम ब्राह्मणों के हाथ लगा
इसके पश्चात ब्राह्मणों ने चार वर्णों की रचना की॥ 3॥

सावित्रीबाई फुले पेशवा राज आने के पूर्व मुस्लिम राज की जानकारी देते हुए कहती हैं—

बाद में मुस्लिम राज बना
उन्होंने बहुत सारे लोगों को मुस्लिम बनाया
किन्तु वहाँ पर भी ब्राह्मणों ने उनकी तारीफ की
और उनके राज में नौकर-चाकर बने॥ 4॥

विधर्मी विदेशी राज में ब्राह्मण बने मंत्री
किन्तु शूद्र अतिशूद्र कुपात्र अयोग्य बने
यही नहीं स्वधर्म में भी यातना पीड़ा सहने को
हुए मजबूर शूद्र
इस तरह पशुवत जीवन जीने लगे अभागे शूद्र॥ 5॥

पेशवा राज में शूद्रो-अतिशूद्रों तथा नारियों की स्थिति कैसी थी? इसका वर्णन सावित्रीबाई फुले ने 'पेशवाई' (पेशवा राज) कविता में किया है। ब्राह्मण नारियों की बदतर स्थिति का यथार्थ इस तरह रेखांकित हुआ है—

कहे पति ब्याहता को कि
चल तुझे बुलावा आया है, पेशवा की ओर से
ब्राह्मणों के लिए भी कष्टप्रद, पीड़ादायक था रंडीबाजों का राजतंत्र
दुखी मन से कहने लगे कि जलकर राख बने पेशवाई॥ 9॥

इसके पश्चात इस कविता-संग्रह में ब्रिटिश राज के कार्यों की जानकारी पाठकों को यह मिलती है—

सभी मनुष्य शिक्षा प्राप्त करने के अधिकारी हैं
कहे अंग्रेजी राज की वाणी
इसीलिए समानता के अधिकार के कारण

पढ़ने, शिक्षा ग्रहण करने की दृष्टि प्राप्त हुई
और नारी तथा शूद्र सभी को पढ़ने लिखने का अवसर मिला॥ 25॥

'बावनकशी सुबोध रत्नाकर' के ज्योतिबा नामक भाग में ज्योतिबा फुले के कार्य की जानकारी सुबुद्ध पाठकों को विस्तार से दी गई है—

सच्चा ज्ञान प्राप्त कर
ज्योतिबा के मन में सेवा भाव की प्रेरणा मिली
नारी एवं शूद्रों की शिक्षा के लिए
उन्होंने पाठशाला खोली
इस तरह ज्योतिबा ने शिक्षा की शुरुआत कर
सुन्दर पुष्प माला बनाई॥ 39॥

अपने घर में स्थित बावड़ी से
अतिशूद्रों के लिए पानी लेने के लिए सार्वजनिक किया
ज्योतिबा का उद्भाव, सदाचार सिखाना है
उनकी भी हिस्सेदारी उनके भी समान अधिकार
दलितों को दिया सम्मान किया सुबोध
यह युगप्रवर्तक कार्य है ज्योतिबा का॥ 41॥

पथभ्रष्ट नारियों के जब हुए पाँव भारी
तब उनकी डिलिवरी की समस्या को हल करने आगे आए ज्योतिबा
आया, नर्स, दवाई, खाना-पीना आदि सभी की
व्यवस्था करने में रहे ज्योतिबा आगे
और मैंने (सावित्रीबाई फुले) भी दिया इस कार्य
में बराबरी का साथ॥ 42॥

शिशु गृह में पालना हिलावे बच्चों का
करे ज्योतिबा यह कार्य भी बड़ी तल्लीनता से
एक रात की बात है
घर आ धमके दो हत्यारे, हमारी हत्या करने

किन्तु ज्योतिबा के कार्य को देख
लगे सेवा कार्य में हाथ बँटाने॥ 43॥

'बावनकशी सुबोध रत्नाकर' के समापन भाग में सावित्रीबाई फुले ज्योतिबा फुले के कार्य के सम्बन्ध में स्पष्टता से कहती हैं—

पुराण कथा दर्शन शास्त्र आदि खूब पढ़ा ज्योतिबा ने
भारत वास्तव में शूद्रों का देश है
यह निष्कर्ष है उनका
ज्योतिबा की ज्योत जले शूद्रों के हितों के कार्य हेतु
वे प्रेरणा हैं शूद्रों की कहे ज्योतिबा की भार्या॥ 48॥

संक्षेप में, 'बावनकशी सुबोध रत्नाकर' कविता-संग्रह मात्र न होकर यथार्थ ज्योतिबा फुले के जीवन कार्य, उनके सामने खड़ी चुनौतियों और संघर्षों से रिश्ता बनाने का दस्तावेज है।

इसमें पेशवाराज की करतूतों का स्पष्ट बयान है। विधवा ब्राह्मण स्त्रियों के नाजायज बच्चों की परवरिश का यथार्थ चित्रण है। शूद्रों-अतिशूद्रों तथा नारी शिक्षा की चर्चा है। धर्म की आड़ में शूद्र समाज पर ब्राह्मण द्वारा किए गए अत्याचार-अन्याय, शोषण की निन्दा और धिक्कार है। साथ ही तथागत बुद्ध द्वारा ब्राह्मण और उनके धर्मग्रंथों के खंडन तथा उन्हें नकारे जाने की चर्चा है। समाज व्यवस्था पर ब्राह्मणों का कब्जा और इस व्यवस्था में शूद्र-अतिशूद्रों जनता का पशुतुल्य जीवन की करुण कहानी चित्रित है। समता विरोधी व्यवस्था में ज्योतिबा के नारी और शूद्रों की शिक्षा के लिए किए गए अतुलनीय कार्यों की जानकारी है।

जाहिर है, यह किताब ज्योतिबा के जीवन और कार्यों के एक प्रामाणिक सन्दर्भ के रूप में आज भी प्रासंगिक है।

जो बातें 'बावनकशी सुबोध रत्नाकर' में सूत्र रूप में दर्ज हैं, वे बातें नैमिशराय की इस कृति में औपन्यासिक विस्तार पा सकी हैं। इस उपन्यास के ताने-बाने को पकड़कर पाठक पेशवाई के ढहते किले पर ब्रिटिश साम्राज्य के बनते महल की भीतरी हकीकत को समझता है। साथ ही उसे महसूस होता है कि जब अन्य देशों में सामाजिक परिवर्तन की हवा चल रही थी तो स्वयं अपने देश में उस हवा पर भी पाबन्दी क्यों थी? जब यूरोप में महिलाएँ शिक्षा प्राप्त कर रही थीं और समता तथा सम्मान के आन्दोलन में अपनी भागीदारी निभा रही थीं, ऐसे समय भारतीय

महिलाओं को अपने-अपने धर्म के पिंजरों में मठाधीशों से लेकर मुल्लाओं ने क्यों बन्द रखा हुआ था? ऐसे अनेक सवालों के जवाब इस उपन्यास से स्पष्ट होते हैं।

अन्त में कहना चाहूँगा कि इस उपन्यास की रूपरेखा बनाते हुए तथा लिखने के दौरान नैमिशराय जी ने जो शोध-कार्य किया उसकी परिणति इस महत्त्वपूर्ण ऐतिहासिक उपन्यास में हुई है।

अपनी इस कृति में लेखक ने तत्कालीन धार्मिक, सामाजिक घटनाओं और आन्दोलनों का बहुत ही बेबाकी से चित्रण किया है। यह अच्छी बात है कि मराठी भाषा, साहित्य और संस्कृति की लेखक को अच्छी-खासी समझ है। उनका गहन अध्ययन भी है।

आशा है उनके इस उपन्यास से पाठकों तथा शोधार्थियों को इतिहास से सम्बन्धित नई जानकारी मिलेगी। राधाकृष्ण प्रकाशन को भी धन्यवाद, वे नैमिशराय जी के उपन्यास को छाप रहे हैं।

—शेखर

ए-106, हिल अपापर्टमेंट, रोहिणी, सेक्टर-13,
नई दिल्ली-110085

दो शब्द

उन्नीसवीं सदी को भारतीय पुनर्जागरण का काल कहा गया है। लेकिन पुनर्जागरण का कैसा युग? जितना प्रगतिशील साथी समाज को आगे ले जाते थे उतना ही परम्परावादी लोग पीछे भी खींचते थे। कहा जाता है कि तत्कालीन समाज में दो धाराएँ थीं। जो समानान्तर रूप से आगे बढ़ रही थीं। जाहिर है, उन धाराओं की प्रवृत्तियाँ अलग-अलग रही होंगी। बहुत-से लोग उन्हीं दो धाराओं की कशमकश में थे। ऐसे लोग मेहनतकश थे और धरती का श्रृंगार करते थे। शहर में आकर किले बनाते थे, महल बनाते थे, बाजार बनाते थे। शहर की रौनक में उनका खून जलता था।

विशेष वर्ग के लोग शहर के बीच रहते थे और वे हाशिए पर। आरम्भ से ही ऐसा होता चला आया था और आधुनिक युग में तो तेज गति से यह सब होने लगा। हाशिए पर जीने वाले लोगों के भीतर स्वर था, लेकिन वे मूक थे। धार्मिक प्रतिनिधियों ने उन्हें पिंजरे में बन्द तोते की तरह बना दिया था। जैसा मालिक कहेगा तोता वैसा ही बोलेगा। मालिक जैसा दाना-पानी देगा उसे वैसा ही खाना पड़ेगा। धर्माधिकारियों के हाथों में अपने-अपने धर्म के परचम थे जिन्हें फहराते हुए वे साम्राज्यवाद की प्रतिस्पर्धा में एक-दूसरे से आगे निकल जाना चाहते थे। लगभग ऐसी ही स्थिति हिन्दू धर्म के अधिकांश लोगों की थी जो विस्तार में न जाकर सिकुड़ते थे और अपनी ही परम्पराओं की कैद में रहना पसन्द करते थे। वही उनकी दुनिया थी। हालाँकि कुछ उस दुनिया से बाहर जाना चाहते थे लेकिन उन्हें पीछे धकेलने वाले भी थे। पीछे धकेलने वालों के पास परम्पराएँ एवं प्रथाएँ थीं। कुरीतियों से वे जकड़े थे। इसलिए अपने साथ दूसरों के लिए भी मुक्ति के दरवाजे बन्द रखते थे।

ज्योतिराव फुले का उद्भव ऐसी ही विषम परिस्थितियों के बीच हुआ। पर ज्योतिराव न मूक रहे और न उन्होंने तोते की तरह पाठ पढ़ना सीखा था। वे तो

इन सब परम्पराओं, प्रथाओं तथा रूढ़ियों से बहुत पहले ही मुक्त हो गए थे। उनके भीतर मुक्ति का विचार बचपन से ही आ गया था। उम्र के आरम्भिक दौर में ही जाति अभिमानी लोगों ने उन्हें विद्रोह करने के लिए मजबूर कर दिया था। बचपन से ही वे कोमल मन पर आघात सहना सीख गए थे। लोग जितना उन पर आघात करते, उतना ही वे मजबूत होते। उन्होंने टूटना और बिखरना नहीं सीखा था। ब्राह्मण समाज के कुछ धर्मभीरु लोग जितना उन्हें चोट पहुँचाते, उतना ही बहुजन समाज में चेतना लाने के लिए वे मजबूती से आगे बढ़ते। ऐसे दौर में उनके भीतर कुछ कर गुजरने की हिम्मत आई थी। मराठी के वरिष्ठ दलित साहित्यकार डॉ. गंगाधर पानतावणे लिखते हैं कि शिक्षा से वंचित रखना, शूद्रों में गुलामी बनाए रखने की साजिश थी। उस दौर में ज्योतिराव फुले को भी एक नहीं, दो बार शिक्षा लेने से रोका गया था। लेकिन उन्होंने हार नहीं मानी और विशेष रूप से दलित-बहुजनों, महिलाओं के लिए शिक्षा के दरवाजे साल-दो-तीन साल नहीं, बल्कि दशकों तक खोलते रहे।

उत्तरी भारत के प्रख्यात चिन्तक और राजनीतिज्ञ शरद यादव के शब्दों में कहें तो, "उन्होंने सामाजिक क्रान्ति की शुरुआत की। जो सामाजिक न्याय व सामाजिक समता के संघर्ष के लिए प्रेरणादायी सिद्ध हुए। 'गुलामगिरी' ज्योतिराव फुले जी का ही नहीं हमारा भी घोषणा-पत्र है। 1873 में प्रकाशित 'गुलामगिरी' तात्कालिक सामाजिक व्यवस्था के खिलाफ बहुजन समाज का घोषणा-पत्र था। जिस तरह कार्ल मार्क्स ने 1848 में पश्चिमी यूरोप के औद्योगिक समाज के सबसे ज्यादा शोषित और उत्पीड़ित समाज के अधिकारों को रेखांकित करते हुए 'कम्युनिस्ट घोषणा-पत्र' निकाला था, उसी तरह ज्योतिबा ने गुलामगिरी प्रकाशित कर भारत के सबसे अधिक उत्पीड़ित तबके के अधिकारों की घोषणा की। उन्होंने उन्हें संघर्ष के मार्ग पर आगे बढ़ने के लिए आह्वान किया।" वहीं दलित-पिछड़ों के हिमायती रहे भारत के पूर्व प्रधानमंत्री विश्वनाथ प्रताप सिंह के शब्दों में, "महात्मा फुले भारत की बुनियादी क्रान्ति के पहले महापुरुष थे। इसलिए वे आद्य महात्मा बुद्ध, महावीर, मार्टिन लूथर किंग, नानक आदि के उत्तराधिकारी थे।"

बामसेफ (द ऑल इंडिया बैकवर्ड एस.सी., एस.टी., ओ.बी.सी. एंड माइनारिटी कम्युनिटीज इम्पलाइज फेडरेशन) में '70 और '80 के दशक के दरमियान मैंने कांशीराम जी के साथ काम किया था। उसी दौरान डी.के. खापर्डे जी से मेरा परिचय हुआ। वे पूना से थे और कांशीराम जी के निकटतम सहयोगियों में से

थे। उन्हीं के माध्यम से ज्योतिबा फुले के बारे में पहली बार मुझे पता चला। हम उत्तरी भारत के साथियों के लिए यह महत्त्वपूर्ण दौर था, जब मराठी दलित साहित्य तथा आन्दोलन के साथ वहाँ के महापुरुषों के बारे में हमने पढ़ना शुरू किया था। स्वयं डी.के. खापर्डे के विचार में, "महात्मा फुले प्रतिभाशाली लेखक तथा साहित्यकार थे। उनके द्वारा लिखित गुलामगिरी महत्त्वपूर्ण और मौलिक ग्रन्थ है। इसका प्रकाशन जून, 1873 में हुआ था। भारतीय समाज जीवन का उन्होंने सूक्ष्म अवलोकन और गहन चिन्तन किया था। उन्होंने अनेक पुस्तकें लिखीं जिनमें कविता, नाटक तथा कहानियाँ भी थीं। उन्होंने अपना सम्पूर्ण लेखन सामाजिक आन्दोलन की दिशा स्पष्ट करने तथा बहुजन समाज को जागृत करने के उद्देश्य से किया था। ज्योतिबा ने बतलाया था कि ऐसी विषम परिस्थितियों में यहाँ के दलित, पिछड़े समाज को क्या करना है? अनेक समस्याओं, विरोधों और यहाँ तक कि हत्या की धमकी की परवाह न करते हुए महात्मा फुले अपने लक्ष्य की ओर अग्रसर रहे। अथक परिश्रम एवं लगन के कारण सफलता उनके कदम चूमने लगी।

"उनके इस ऐतिहासिक कार्य में उनकी पत्नी सावित्रीबाई फुले का महत्त्वपूर्ण योगदान है। जिन्हें उन्होंने विवाह के दिन से ही अपना सहयोगी मान लिया था। लेकिन दुख की बात यह है कि उस क्रान्तिकारी नारी के बारे में आजादी के आरम्भिक दशक में नई पीढ़ी को इससे अधिक जानकारी नहीं थी कि वह ज्योतिबा फुले की पत्नी थीं और उन्होंने प्राइमरी स्तर पर अध्यापन कार्य किया। 80 के दशक में उन पर कुछ पढ़ना-लिखना होने लगा था। दलित इतिहास पर पड़ी उपेक्षा, वंचना और भेदभाव की धूल-मिट्टी को हटाकर देखें तो सावित्रीबाई के व्यक्तित्व और कृतित्व का सच कहीं आगे था। जब हम महान व्यक्तित्व के स्वामी ज्योतिराव के बारे में कुछ लिखते हैं तो सावित्रीबाई के महत्त्वपूर्ण कार्यों का उल्लेख करना जरूरी हो जाता है।"

बकौल डॉ. एम.जी. माली, "जब मैंने एक शोधकर्ता की हैसियत से सवर्ण समाज के शिक्षित वर्ग के इस दुखद यथार्थ की ओर देखा और सावित्रीबाई के सन्दर्भ में सही जानकारी प्राप्त करने के हेतु लगातार दो साल तक पूरे महाराष्ट्र का भ्रमण किया तथा अनेक बुजुर्ग लोगों से साक्षात्कार हुए, तब पता चला कि सावित्रीबाई केवल ज्योतिबा की धर्म पत्नी एवं एक शिक्षिका ही नहीं थीं, बल्कि उनका व्यक्तित्व एवं कार्य भी मौलिक रूप से महात्मा ज्योतिबा फुले की तरह ही हिमालय सदृश ऊँचा था। इस शोध ने मुझे प्रोत्साहित किया और 10 मार्च,

1980 को ग्रंथ रूप में सावित्रीबाई फुले का जीवन-कार्य मराठी पाठकों के सम्मुख रखकर उन्हें एक ममतामयी, त्यागमयी आदर्श नारी रत्न से परिचित कराने का प्रयास किया, जिसमें मुझे सफलता मिली।"

ज्योतिराव फुले के दर्शन तथा चिन्तन से आधुनिक भारतीय समाज में क्रान्तिकारी सामाजिक परिवर्तन लाया जा सकता है। इस तरह की मान्यता रखने वाले कई सामाजिक कार्यकर्ता, विद्वान, समाजशास्त्री हैं।

महात्मा फुले के विचारों तथा दर्शन के बारे में इतना अध्ययन पहले कभी नहीं हुआ, जितना आज हो रहा है। आज उनके विचारों की आवश्यकता सारे देश और समाज के लिए महसूस हो रही है, क्योंकि देश को परम्परावादी और धर्मान्ध पुरोहितों के वर्चस्व से छुटकारा जरूरी है और सामाजिक-सांस्कृतिक क्रान्ति के बगैर हम न तो यहाँ सही ढंग से लोकतंत्र, समाजवाद और धर्मनिरपेक्ष समाज तथा शासन की स्थापना कर सकते हैं, न ही धर्मनिरपेक्ष मूल्यों को आगे बढ़ा सकते हैं।

आधुनिक काल आते-आते विराट देश की विराट कथाएँ बदलने लगी थीं। ध्वंस और सृजन की प्रक्रिया में इतिहास भी था और भूगोल भी। अस्मिता तो कभी की तार-तार हो चुकी थी। हमलावरों के काफिले बढ़ते ही जा रहे थे। कबीलाई संस्कृति का तेजी के साथ विकास होने लगा था।

डॉ. सुरेश कुमार थोरात लिखते हैं कि महाराष्ट्र राज्य साहित्य और संस्कृति मंडल (महाराष्ट्र राज्य साहित्य आणि संस्कृती मंडल) ने 1969 में राष्ट्रपिता ज्योतिबा फुले का सम्पूर्ण साहित्य छापा, जिसका सम्पादन धनंजय कीर तथा स.ग. मालसे ने किया था और प्रस्तावना लक्ष्मण शास्त्री जोशी ने लिखी थी। आज जब ओबीसी, दलित व आदिवासी अपना इतिहास वैज्ञानिक दृष्टि से जाँच रहे हैं तो कीर व जोशी के फुले विषयक विचारों का विवेचन जरूरी हो जाता है।

धनंजय कीर और जोशी फुले को न इतिहासकार, समाजशास्त्री कहते हैं और न साहित्यकार मानते हैं। क्या खुद कीर और जोशी इतिहासकार, समाजशास्त्री और साहित्यकार हैं? नहीं, दोनों ने इतिहास और समाजशास्त्र पर कोई पुस्तक नहीं लिखी। कीर ने जीवन-चरित्र लिखे हैं, जोशी ने हिन्दू धर्म पर पुस्तक लिखी है। पर वे इतिहासकार और समाजशास्त्री बिलकुल नहीं हैं। लेकिन महात्मा फुले ने न केवल पोवाडे और नाटक लिखे बल्कि जाति-व्यवस्था और वेद से लेकर छत्रपति शिवाजी महाराज तक, भारतीय समाज और इतिहास का मौलिक और

तर्कसंगत विश्लेषण भी किया। सही बात तो यह है कि किसी प्रशिक्षित इतिहासकार से अधिक सूक्ष्म अन्त:दृष्टि उनकी थी।

रोमिला थापर प्रशिक्षित इतिहासज्ञ होकर भी भारत के इतिहास पर भौतिकवादी दृष्टिकोण रखती हैं। फुले ने वर्ण व जाति-व्यवस्था को ब्राह्मणवादी धार्मिक और राजनीतिक व्यवस्था का परिणाम माना, जिसके मारक आर्थिक और सामाजिक नतीजे प्रतिफलित हुए। फुले का यह तर्क अधिक पढ़ने लायक है बजाय रोमिला के कि वर्ण-जाति-व्यवस्था भौतिक आर्थिक परिस्थिति की उपज है। क्षत्रिय, बनिए सत्ताधारी और धनी थे लेकिन ब्राह्मणों के पैर के नीचे दबे रहते थे।

फुले के ब्राह्मणवाद-विरोध के बारे में रोमिला उन पर बेधड़क प्रतिलोम जातिवाद (Inverted Castism) का आरोप लगाती हैं। क्या मानवता-विरोध की टीका करना जातिवाद है? क्या फुले ने शूद्रों से ब्राह्मणों को नीचा माना? नहीं, उन्होंने सम्पूर्ण वर्ण व जाति-व्यवस्था के खात्मे की बातें की। उसी तरह ब्राह्मणवाद विरोध को ब्राह्मण-द्वेष कहना निरी धूर्तता है। बुरे को बुरा कहना अच्छी बात है, बुरे को सुधारने का उपदेश देना और भी अच्छा है। अच्छे को बुरा कहना अलबत्ता बुरा है, लोकतंत्र अच्छा है लेकिन लोकतंत्र द्वेष बुरा है।

जोशी का छुपकर जातिवाद तब खुलकर सामने आता है जब वे ज्योतिबा फुले के 'गुलामगिरी, ब्राह्मणांचे कसब और शेतकयांचे आसूड' को तत्कालीन परिस्थिति-जन्य विचार मानते हैं। जोशी ज्योतिबा को प्रासंगिक नहीं मानते। खुद ज्योतिबा के काल में ब्राह्मण यही कहते थे कि ब्राह्मणवाद गुजरे जमाने की चीज है, बाबा साहेब आंबेडकर के जमाने में भी ब्राह्मण यही पुंगी बजाते रहे हैं और आज भी बजा रहे हैं।

जोशी का आक्षेप है कि ज्योतिबा फुले ने वामन और नरसिंह अवतारों का जितना तर्कसंगत विवेचन किया इतना अन्य अवतारों का नहीं किया, जोशी विष्णु के मत्स्य, कच्छप और वराह अवतारों का कोई नैसर्गिक विवेचन न देकर केवल अपनी पसन्द और नापसन्द जाहिर कर रहे हैं। दरअसल इन जानवरों के मुखौटे लगाकर लड़ने की बात करना अधिक तर्कसंगत है बजाय यह मानने के कि विष्णु का जन्म सचमुच मछली, कछुआ और सुअर के रूप में था।

जोशी का तर्क है कि जाति-व्यवस्था और अस्पृश्यता दोनों असुरों या सिन्धु सभ्यता की देन हैं। उनका कहना है कि आर्यों ने केवल असुरों द्वारा प्रचलित जाति और अछूतपन को नियमबद्ध किया। जोशी पिछले डेढ़ सौ सालों की

खोज की बात तो करते हैं, लेकिन बाबा साहेब डॉ. आंबेडकर द्वारा लिखित 'The Untouchables' को नहीं पढ़ना चाहते। असुर या सिन्धु सभ्यता नागर सभ्यता थी और नागर सभ्यता जाति-व्यवस्था के बन्द समाज में विकसित नहीं हो सकती। संस्कृत साहित्य में जातिवाद रहा है जबकि प्राकृत साहित्य में नहीं, यहाँ तक कि तमिल के साहित्य में भी जाति-व्यवस्था का नामोनिशान नहीं है। बहुजन सन्तों के वचनों-कथनों में जातिवाद का घोर विरोध है। संत नामदेव, संत तुकाराम, संत चोखामेला, संत रविदास, संत सेन, संत बहिणाबाई—ये सभी जातिवाद या जाति-व्यवस्था को ठुकराते हैं।

संत रविदास कहते हैं—

जात-पात न पूछे कोई
हरि को भजे सो हरि का होई

महाराष्ट्र में देखें महार-मातंगों में एक कहावत चलती है—

कोंबडे बकरे धन नहीं
अन् महार माँग जात ना नहीं

अस्पृश्यता के सम्बन्ध से भी जोशी का तर्क खोखला है। मृत्यु, ज्ञान, मैयत, मैथुन इत्यादि को लेकर जो अस्पृश्यता सारे आदिम समाजों में मिट गई वह हिन्दू धर्म से नहीं मिटी। बाबा साहेब डॉ. आंबेडकर के अनुसार, आदिम समाज में अस्पृश्यता अस्थायी रहती थी और खून, पानी से शुद्धि करके मिटाई जाती थी। लेकिन ब्राह्मणों ने अस्पृश्यता को चिरस्थायी बनाया, उनके शुद्धिकरण का कोई उपाय नहीं निकला—सिवाय खुद के स्नान करने से शुद्ध होकर उन्होंने सारे समाज को पीढ़ी-दर-पीढ़ी अस्पृश्य बनाए रखा। जरा विचार करें कि (बहुजन संघर्ष, 15 नवम्बर, 2015) 12वीं सदी में महाराष्ट्र में भक्ति आन्दोलन का उदय हुआ और 17वीं सदी तक इन आन्दोलनों में वृद्धि हुई। महाराष्ट्र के भक्ति आन्दोलन ने तत्कालीन सांस्कृतिक विद्रोह का प्रतिनिधित्व किया। भक्ति पंथों में सबसे सफल 'वारकरी पंथ' है। इस पंथ की उत्पत्ति 13वीं सदी में हुई। वारकरी यात्रा में सभी जाति के लोग शामिल होते थे, लेकिन प्रत्येक जाति का अपना स्वतंत्र और अलग समूह होता था। इसके कारण केवल धार्मिक विधि तक ही जाति विरोध बना रहा और वास्तविक जीवन में वारकरी लोग धर्म-व्यवस्था यानी जाति-व्यवस्था का

पालन करते रहे। इससे गैर-ब्राह्मण विरोध की भावना तो उत्पन्न हुई परन्तु ब्राह्मणों का सामाजिक प्रभुत्व कम नहीं हुआ।

ब्राह्मणों की उसी प्रभुत्व की भावना ने देश के बहुसंख्यक समाज को शिक्षा से दूर रखा। ज्योतिराव मूलत: शिक्षार्थी थे। आधुनिक भारत के निर्माण की प्रक्रिया इसी सदी में आरम्भ हुई। उसी निर्माण की प्रक्रिया में शिक्षा का महत्त्वपूर्ण स्थान रहा है। ज्योतिराव के सामाजिक दर्शन को समझने से पहले शिक्षा की तत्कालीन स्थिति को जानना होगा।

आधुनिक सन्दर्भ में, भारत में उन्नीसवीं सदी के आरम्भ तक शिक्षा-प्रणाली की स्थापना नहीं हुई थी। ब्राह्मणों तथा पंडितों द्वारा, उच्च वर्णीय लोगों के लिए कुछ निजी पाठशालाएँ चलाई जाती थीं जहाँ संस्कृत, व्याकरण, तर्कशास्त्र, धर्मशास्त्र आदि पढ़ाए जाते थे। शूद्र-अतिशूद्रों को शिक्षा प्राप्त करने का अधिकार नहीं था। अंग्रेजों के आगमन से पूर्व यहाँ के शासक या राजा यह नहीं मानते थे कि शिक्षा देना, शासन की जिम्मेदारी है, महाराष्ट्र में धार्मिक तथा राजनीतिक सत्ता ब्राह्मण के ही हाथों में होने के कारण धर्मशास्त्रों के अध्ययन का अधिकार केवल उनको ही था। छोटी जाति के लोग धर्मशास्त्रों का उच्चारण भी करते, तो उन्हें कठोर दंड दिया जाता था। भारत में यह लिखित और अलिखित नियम आधुनिक काल में भी लागू रहा था।

ज्योतिराव ने माना कि उस समय उच्च वर्ग में जो स्त्री-शिक्षा का प्रसार हो रहा था उसका श्रेय पंडिता रमाबाई को ही जाता है। ताराबाई शिंदे की पुस्तक 'स्त्री-पुरुष तुलना' की आलोचना करते हुए उन्होंने सलाह देने का ढोंग करनेवाले एक पत्रकार की कठोर शब्दों में निन्दा की, 'अपने को अनाथों के नाथ कहलानेवाले पत्रकारों, शूद्र जैसी दीन महिला पर शस्त्र क्यों उठाते हो? यह तो बुद्धिहीनों का काम है।'

किन्तु नई शासन-प्रणाली में नए कानून भी बने। सन् 1813 में ब्रिटिश सरकार ने कानून बनाकर, शिक्षा ग्रहण करने का सभी जाति-धर्मों के लोगों को अधिकार दिया। अंग्रेज शासक मानते थे कि सार्वजनिक शिक्षा को शासन की जिम्मेदारी है, इसके साथ ही, प्रशासन चलाने के लिए, अंग्रेजी शिक्षा प्राप्त सरकारी नौकरों की आवश्यकता थी। इसलिए उन्होंने अनेक शहरों में पाठशालाएँ स्थापित कीं। यद्यपि ये पाठशालाएँ सभी लोगों के लिए खुली थीं। फिर भी इसका लाभ मुख्यत: उच्चवर्णियों ने और विशेष रूप से ब्राह्मणों ने ही लिया। शूद्रों, दलित जातियों के लोग द्वारा शिक्षा ग्रहण करके, सरकारी सेवा में प्रवेश करने से शासन की प्रतिष्ठा

कम हो जाएगी, ऐसा अंग्रेज शासक भी मानते थे। मानते इसलिए थे कि यह बात सवर्ण दरबारियों ने अंग्रेजों के कान में डाली थी। उन्होंने शूद्र-अतिशूद्र जातियों के शिक्षा के प्रचार-प्रसार के लिए कोई विशेष प्रयत्न नहीं किए। हालाँकि कहने भर के लिए सभी जातियों के बच्चों के लिए स्कूल जरूर खोल दिए थे। कुछ अंग्रेजी शासकों ने ऐसा भी मत व्यक्त किया कि उच्चवर्णियों में शिक्षा का प्रसार होने के बाद, वे लोग, अपने आप छोटी जाति के लोगों को शिक्षा देने का कार्य करेंगे। इस प्रकार शिक्षा का ऊपर से नीचे के स्तर तक प्रयास होगा। लेकिन ब्राह्मण ऐसा मानते थे कि छोटी जाति के लोग शिक्षित हो जाएँ तो सरकारी नौकरियों में ब्राह्मणों के साथ स्पर्धा करेंगे और इससे ब्राह्मणों के प्रभुत्व को नुकसान होगा। इसलिए उन्होंने हाशिए के लोगों को शिक्षा देने का विरोध किया।

अंग्रेजी शिक्षा का महत्त्व समझते हुए कुछ उच्चवर्णियों ने सन् 1820 में बम्बई में बॉम्बे नेटिव एजूकेशन सोसाइटी की स्थापना करके, एक पाठशाला शुरू की। सन् 1821 में ब्रिटिश सरकार ने पूना में हिन्दू महाविद्यालय की स्थापना की। परन्तु यह महाविद्यालय केवल ब्राह्मणों के लिए ही खुला था। सन् 1824 में कुछ ईसाई मिशनरियों ने पूना में एक मराठी विद्यालय शुरू किया। सन् 1825 में सरकार ने कुछ जिला मुख्यालयों में पाठशालाएँ शुरू की। सन् 1830 में सरकार ने पूना में लड़कियों के लिए एक पाठशाला चलाने का प्रयास किया किन्तु सफलता न मिल सकी। सन् 1833 में पूना में दो-तीन अमेरिकन मिशन स्कूल खोले गए। सन् 1835 के आसपास देश में एक विवाद उत्पन्न हुआ कि भारतीयों को कौन-सी शिक्षा दी जाए—विवाद का विषय था—अंग्रेजी भाषा के माध्यम से पश्चिमी शिक्षा अथवा स्वदेशी भाषा के माध्यम से प्राचीन शिक्षा। लॉर्ड विलियम बैंटिक ने 7 मार्च, 1835 को निर्णय देकर, यह घोषित किया कि सरकार अंग्रेजी भाषा में यूरोपीय साहित्य तथा विज्ञान की शिक्षा देगी। सन् 1840 में ब्रिटिश सरकार ने शिक्षा के प्रचार-प्रसार के लिए शिक्षा बोर्ड का गठन किया। परन्तु शिक्षा का प्रचार अब भी केवल सवर्ण जाति के लोगों तक ही सीमित था।

इस प्रकार अंग्रेजी शिक्षा के प्रचार-प्रसार से भारतीय समाज में, सफेदपोश लोगों का एक वर्ग तैयार हो रहा था। इन लोगों ने अंग्रेजी शिक्षा के माध्यम से कुछ नई धारणाएँ अपनाई थीं। उनके जीवनयापन के तौर-तरीके तथा विचारों में भी कुछ परिवर्तन हो गया था। परन्तु ये लोग अधिकतर सवर्ण जातियों के ही थे

और बहुसंख्य समाज अज्ञानता तथा रूढ़िवादिता की दलदल में फँसा हुआ था। सरकार द्वारा अंग्रेजी शिक्षा का प्रचार-प्रसार करने के बावजूद, शूद्र-अतिशूद्र के बहुजन समाज तक शिक्षा पहुँच नहीं पाई थी। ऐतिहासिक घटनाओं के सन्दर्भ में शिक्षा सम्बन्धी इस संक्षिप्त जानकारी को समझना पाठकों के लिए जरूरी है। इसलिए कि ज्योतिराव ने अपने जीवन में दलितों तथा पिछड़ों के बीच शिक्षा के प्रचार-प्रसार को वरीयता दी थी।

ज्योतिराव फुले का जीवन उनकी स्वप्रेरणा तथा प्रयासों से तैयार हुआ। उनका क्रान्तिकारी का दर्शन था। भारतीय समाज के सबसे निचले स्तर के शूद्र एवं अतिशूद्र जातियों के उत्थान के लिए उन्होंने अपना जीवन समर्पित किया था। अपने ध्येय, उद्देश्य तथा शुरू किए गए कार्यों पर उनकी सम्पूर्ण निष्ठा थी। अपने जीवन में उन्होंने जो कुछ भी किया, पाठशालाएँ चलाईं, शिक्षण संस्थाओं की स्थापना की, आन्दोलन किए। कविताओं की रचना की, पुस्तक-पुस्तिकाएँ एवं ग्रंथों का लेखन किया, इन सबके पीछे केवल एक ही प्रेरणा कार्यरत थी कि सैकड़ों वर्षों से देश के बहुसंख्य लोगों को, धार्मिक-सामाजिक तथा आर्थिक गुलामी में साँप की कुंडली की तरह जकड़कर रखनेवाली ब्राह्मणी व्यवस्था तथा संस्कृति को ध्वस्त करके, समानता, स्वतंत्रता, बन्धुभाव जैसे मानवीय मूल्यों पर आधारित एक नए समाज की प्रतिस्थापना की जाए। पददलित समाज के उत्थान के लिए कार्य करते समय, उन्हें जो भले-बुरे अनुभव हुए, उनसे एक नई दृष्टि उन्हें प्राप्त हुई। इस दृष्टि से, उन्होंने समाज की वास्तविकता का स्वतंत्र तथा सर्वव्यापी अवलोकन और चिन्तन किया। इस चिन्तन से ही उन्हें उनके जीवन का ध्येय प्राप्त हुआ, दिशा मिली और उनके जीवन-संग्राम का आरम्भ हुआ।

संक्षेप में उनके जीवन-संग्राम को तीन कालखंडों में बाँटा जा सकता है—

1. पहला कालखंड है, 1827 से 1847 तक, जो जन्म, परिवेश तथा शिक्षा से सम्बन्धित है।
2. दूसरा कालखंड 1848 से 1865 तक, जब उन्होंने अपने सार्वजनिक जीवन की शुरुआत की। शूद्र, अतिशूद्रों के लिए शिक्षण संस्थाएँ चलाईं, नारी-उत्थान का कार्य किया।
3. तीसरा कालखंड है 1866 से लेकर जीवन के अन्त तक, जिसमें उन्होंने क्रान्तिकारी आन्दोलन किए तथा महत्त्वपूर्ण ग्रंथों का लेखन किया।

ज्योतिराव फुले का जन्म 11 अप्रैल, 1827 ई. में पूना की माली जाति के सम्पन्न परिवार में हुआ। उनके पिता अपनी जाति में एक प्रतिष्ठित व्यक्ति माने जाते थे। फूलों की खेती और व्यापार के कारण, उनका परिवार, फुले नाम से प्रसिद्ध हो गया था। महाराष्ट्र के सामाजिक जीवन में माली शूद्र (आज के सन्दर्भ में पिछड़े समाज) माने गए हैं, जिनका परम्परागत व्यवसाय फूल, फल, सब्जियाँ उगाना तथा उनका व्यापार करना रहा है। दक्कन प्रान्त में, इस जाति के लोग अधिक मात्रा में पाए जाते हैं। इनके समाज का कोई अपना इतिहास नहीं रहा। हालाँकि उनके इतिहास पर आजादी के बाद गम्भीरतापूर्वक शोध होने लगे थे और बहुत कुछ प्रकाश में भी आया। बताया जाता है कि सन् 1250 में 'सावता माली' नामक एक संत हुए, जो महाराष्ट्र के विख्यात संत नामदेव के समकालीन थे, तथा पंढरपुर के देवता 'विठोबा' के भक्त थे। वे माली जाति से सम्बन्धितथे।

ज्योतिराव फुले के परिवार का नाम आरम्भ में 'गोन्हे' था। उनके सम्बन्ध में, ऐसा बताया जाता है कि उनके परदादा, सातारा (महाराष्ट्र) से 25 मील दूर काटगून गाँव में एक साधारण नौकर थे, जिसको स्थानीय भाषा में 'चौगुला' कहा जाता था। चौगुला का मुख्य कार्य था, अधिकारियों की सेवा करना, लगान वसूली में उनकी सहायता करना, सरकारी कागजात इधर-उधर पहुँचाना और फसल के समय अधिकारियों के साथ जाना आदि। उनके पास थोड़ी-सी पुश्तैनी जमीन थी, जिससे वे अपना गुजारा करते थे। एक दिन गाँव के ब्राह्मण कुलकर्णी अधिकारी से उनका झगड़ा हो गया। झगड़े का कारण उनके सम्मान को ठेस पहुँचाना था। इस घटना के बाद उन्होंने गाँव छोड़ दिया और पूना जिले के पुरन्दर तहसील के खानवाड़ी गाँव में अपने परिवार के साथ रहने लगे। यहाँ उन्हें एक पुत्र पैदा हुआ, जिसका नाम शेतिबा रखा गया।

आगे चलकर शेतिबा के तीन लड़के हुए, रानोजी, कृष्ण और गोविन्द। पिता की आर्थिक स्थिति कमजोर होने कारण, उनको बचपन से ही मजदूरी करनी पड़ी। उसी समय फूलों के एक व्यापारी ने उन्हें अपने यहाँ नौकरी दी। उसके पास, उन्होंने फूलों का व्यापार तथा पुष्प प्रसाधन की कला सीखी। जल्द ही इस क्षेत्र में, उन्होंने इतना नाम कमाया कि उनकी ख्याति पेशवा तक पहुँच गई। पेशवा ने उन्हें अपनी निजी सेवा में रख लिया। अब वे पेशवा के लिए फूलों तथा अन्य चीजों से श्रृंगार की वस्तुएँ बनाने लगे। पेशवा ने उन्हें कुछ जमीन भी दान में दी। तब से वे 'फुले' के नाम से पहचाने जाने लगे।

इसके बाद कुछ पारिवारिक कारणों से मामा से अलग कृष्ण और गोविन्द दोनों साथ-साथ रहने लगे। गोविन्द ने पूना के पास एक गाँव में खेती करना शुरू किया और इसके साथ ही शहर में शाक-भाजी तथा फूलों की दुकान खोली। कावड़ी गाँव के स्वजातीय झगड़े पाटिल की कन्या चिमना बाई से उसका विवाह हो गया। चिमना बाई ने दो पुत्रों को जन्म दिया। बड़े लड़के का नाम था, राजाराम और छोटे लड़के का नाम ज्योति रखा गया। ज्योति के जन्म के एक वर्ष बाद, 1828 में ही चिमना बाई का देहान्त हो गया। पत्नी के असामयिक निधन से गोविन्दराव को बहुत दुख हुआ, परन्तु उन्होंने दूसरी शादी नहीं की। नन्हे ज्योति की सेवा के लिए एक दाई रख ली। अब तक गोविन्दराव की आर्थिक स्थिति सुधर चुकी थी। स्वभाव से वे धार्मिक प्रवृत्ति के थे। जब ज्योति पाँच वर्ष का हो गया, तब उस मातृहीन हृष्ट-पुष्ट बालक को देखकर, उनके मन में उसे पढ़ाने-लिखाने का विचार आया। गोविन्दराव की पीढ़ी को शिक्षा ग्रहण करने का अवसर नहीं मिला था। उस समय ब्राह्मणों को छोड़कर, अन्य जाति के लोग ऐसा सोच भी नहीं सकते थे। उस समय सामाजिक स्थिति ऐसी नहीं थी कि वे शिक्षा प्राप्त करें। उनकी नियति तो केवल 'उच्च जातियों' के अधीन रहकर काम करना था। इन सामाजिक अवरोधों के बावजूद, गोविन्दराव ने गम्भीरता से सोचकर, ज्योति को स्कूल भेजने का निर्णय लिया। थोड़ी-बहुत पढ़ाई-लिखाई हुई, लेकिन एक शूद्र जाति के बच्चे को शिक्षा देना ब्राह्मणों को रास नहीं आया।

ऐसे में, ज्योतिराव को उनकी बाल विधवा मौसेरी बहन सगुनाबाई के कारण अंग्रेजी शिक्षा प्राप्त करने का अवसर मिला। ज्योतिराव की माँ की मृत्यु के बाद सगुनाबाई, जो उस समय के हिसाब से अत्यन्त प्रबुद्ध स्त्री थीं, उनकी देखभाल के लिए पुणे आकर रहने लगी थीं। अपनी रोजी-रोटी कमाने के लिए उन्होंने एक समर्पित मिशनरी जॉन के घर में घरेलू काम और बच्चों की देखभाल करना शुरू कर दिया था। जॉन एक यतीमखाना चलाते थे। ज्योतिराव अपनी मौसी के साथ जॉन के घर रोज जाते थे। वहाँ काम करते हुए सगुनाबाई ने अंग्रेजी के कुछ शब्द सीख लिये। वहीं उन्होंने समानता, स्वतंत्रता और बन्धुत्व के ईसाई मूल्यों को भी जाना, जिन पर उनके कार्यस्थल में अक्सर चर्चा होती रहती थी। उन्होंने ज्योतिराव को भी इन्हीं मूल्यों की शिक्षा दी। उनके जोर देने पर ज्योतिराव को एक स्कॉटिश मिशन स्कूल में भर्ती कराया गया। इससे ज्योतिराव का परिचय पश्चिमी सुधारवादी साहित्य से हुआ। फ्रांस में पुनर्जागरण के बाद, संस्थागत धर्म की आलोचना और

फ्रांस व इंग्लैंड में उत्तर-क्रान्ति काल के राजनैतिक विचारों ने भी उन पर गहरा असर डाला। थॉमस पेन की पुस्तकें 'राइट्स ऑफ मैन' व 'एज ऑफ रीजन' से भी वे गहरे प्रभावित हुए। इन पुस्तकों में मनुष्यों के प्राकृतिक अधिकारों और धर्म सहित सभी पारम्परिक संस्थाओं पर खुलकर विचार और समालोचना करने पर जोर दिया गया था।

युवा ज्योतिराव पर ऐसे कई तरह के प्रभाव पड़े, जिनका वर्णन उन्होंने स्वयं अपने मौलिक लेख 'शेतकर्याचा आसुड' में किया है—

'मैं अपने बचपन के मुसलमान पड़ोसियों और मेरे साथ खेलनेवाले मुस्लिम बच्चों का बहुत एहसानमन्द हूँ, जिनके कारण मुझे स्वार्थी हिन्दू धर्म के मिथ्या वचनों का सच समझ में आया और मैं यह जान सका कि जातिभेद किस तरह की गलत सोच पर आधारित है। मैं पुणे के स्कॉटिश मिशन और सरकारी संस्था का भी आभारी हूँ, जिनके जरिए मैं कुछ शिक्षा प्राप्त कर सका और मुझे यह पता चला कि हर मनुष्य के क्या अधिकार हैं...मैं ब्रिटिश सरकार के स्वतंत्र शासन का भी धन्यवाद करता हूँ, जिसके कारण मैं बिना डर के अपने विचार व्यक्त कर सका।' (देशपांडे, 2002, पृ. 183)

इसके साथ-साथ, गौतम बुद्ध, कबीर, अश्वघोष ('वज्रसूची' पुस्तक के लेखक) के विचारों और लेखन व ईसा मसीह और पैगम्बर मोहम्मद की शिक्षाओं का भी उन पर गहरा प्रभाव पड़ा।

यहाँ इस तथ्य का उल्लेख करना महत्त्वपूर्ण होता है कि सगुनाबाई ने 1846 में 'अछूतों' के लिए एक स्कूल प्रारम्भ किया था परन्तु कोई मदद न मिलने के कारण, उन्हें छह महीने के अन्दर वह स्कूल बन्द कर देना पड़ा था। सगुनाबाई और उनके कार्यों के रूप में फुले दम्पती को एक रोल मॉडल उपलब्ध हुआ।

कथनी और करनी में कोई फर्क नहीं

सावित्रीबाई व ज्योतिराव सन्तानहीन थे। ज्योतिराव पर यह जबरदस्त दबाव था कि वे पुनर्विवाह करें परन्तु उन्होंने ऐसा करने से साफ इनकार कर दिया। उनका तर्क यह था कि अगर सन्तान न होने का कारण वे होते तो क्या सावित्री को पुनर्विवाह करने की इजाजत मिलती? उनके इस निर्णय ने ज्योतिराव को उन चन्द समाज सुधारकों की पंक्ति में खड़ा कर दिया, जिन्होंने अपने व्यक्तिगत जीवन में लैंगिक

समानता को जगह दी। फुले दम्पती ने उनके घर पर रहनेवाली एक ब्राह्मण विधवा द्वारा त्याग दिए गए लड़के को गोद लिया। उन्होंने उसका नाम यशवन्त रखा और उसे डॉक्टरी की शिक्षा दिलाई। अपने इस असाधारण और साहसिक कदम से फुले दम्पती ने जाति, मातृत्व, पितृत्व व वंशावली से सम्बन्धित कई परम्परागत विचारों को खुलकर चुनौती दी।

सन् 1873 में ज्योतिराव ने सत्यशोधक समाज की स्थापना की जो एक गैर-ब्राह्मणवादी सामाजिक-आध्यात्मिक आन्दोलन था। इस आन्दोलन ने जाति और लिंग से जुड़े मुद्दों को उठाया। सत्यशोधकों ने बम्बई के महिला श्रमिकों के महिला व श्रमिक के तौर पर दमन के विरुद्ध संघर्ष को समर्थन दिया। सन् 1893 में 25 मार्च को जेकब मिल की 400 महिला श्रमिकों ने अपने पुरुष अधिकारियों के खिलाफ आन्दोलन शुरू किया। यह शायद अपने अधिकारों के लिए भारतीय महिला श्रमिकों का पहला आन्दोलन था। सत्यशोधकों ने समाज को पुरोहित वर्ग के चंगुल से मुक्त कराने के लिए बिना ब्राह्मण पंडितों और धार्मिक रीति-रिवाजों के विवाह करवाने शुरू किए। इन विवाहों में दम्पती केवल प्रतिज्ञाओं का आदान-प्रदान करते थे। इन प्रतिज्ञाओं को ज्योतिराव ने 1887 में लिखा था और इन्होंने पारम्परिक हिन्दू विवाहों के समय पढ़े जानेवाले मंत्रों का स्थान लिया। इन प्रतिज्ञाओं में वधू यह माँग करती थी कि उसके साथ सम्मानपूर्ण व्यवहार हो और वर यह आश्वासन देता था कि वधू की इस माँग को वह पूरा करेगा। इसके बाद दोनों मिलकर यह शपथ लेते थे कि वे जरूरतमन्दों और दमितों की भलाई के लिए अपनी जिन्दगियाँ समर्पित करेंगे।

पहला सत्यशोधक विवाह 25 दिसम्बर, 1873 को सीताराम जाबाजी अलहत व मंजूबाई ज्ञानोबा निम्बारकर के बीच हुआ। इसमें कोई पंडित मौजूद नहीं था। ब्राह्मण पंडितों ने सत्यशोधक विवाह को अदालत में यह कहते हुए चुनौती दी कि इससे उनका रोजगार प्रभावित हो रहा है और इस तरह के विवाह, उनके धार्मिक अधिकारों का अतिक्रमण हैं। हर शादी के बाद एक नया मुकदमा दायर किया जाता था परन्तु ज्योतिराव ने हिम्मत नहीं हारी। उन्होंने दृढ़ता के साथ सभी मुकदमे लड़े। यद्यपि स्थानीय और जिला न्यायालयों ने उनके खिलाफ फैसले दिए परन्तु वे उच्च न्यायालय से मुकदमा जीत गए।

फुले के नेतृत्व में सत्यशोधकों की यह दृढ़ मान्यता थी कि अन्तरजातीय विवाह, जातिप्रथा को तोड़ने का बेहतरीन जरिया है। उन्होंने अन्तरजातीय विवाह

करनेवालों को अपना पूरा सहयोग और समर्थन दिया। कड़े विरोध के बावजूद उन्होंने कई विधवाओं का पुनर्विवाह भी करवाया।

ज्योतिराव ने 1885 में 'सतसार' नामक एक पत्रिका का प्रकाशन शुरू किया। यह पत्रिका सत्यशोधक समाज के सदस्यों के बीच बहस और चर्चा का मंच बन गई। इस पत्रिका में जाति व लैंगिक मुद्‌दों पर सदस्यों के विचार प्रकाशित किए जाते थे।

'सतसार' के दूसरे अंक में ज्योतिराव ने पंडिता रमाबाई द्वारा ईसाई धर्म स्वीकार करने का समर्थन किया। उन्होंने ऐसा दो कारणों से किया। पहला, वे इस कदम को दमनकारी धर्म से मुक्ति के रास्ते के रूप में देखते थे और दूसरा, वे इसे एक महिला के विद्रोह और अपनी बात को दृढ़ता से कहने की क्षमता का प्रतीक मानते थे। इसी अंक में उन्होंने ताराबाई शिन्दे की 1882 में प्रकाशित पुस्तक 'स्त्री-पुरुष तुलना' पर हुई उन्मादी प्रतिक्रिया की कड़ी आलोचना की। इस पुस्तक में पुरुषों को यौन सम्बन्धों में उनके दोहरे मापदंडों और पाखंड के लिए आड़े हाथों लिया गया था। ज्योतिराव यहीं नहीं रुके, उन्होंने ताराबाई का बचाव किया और उनके विचारों का खुलकर समर्थन किया। ज्योतिराव ने पितृसत्तात्मक व्यवस्था में पुरुषों को प्राप्त विशेषाधिकारों और छूटों की निन्दा करने में कोई कसर बाकी नहीं रखी। (ललिता धारा, फॉरवर्ड प्रेस—नवम्बर, 2015)

आयवन कोस्का लिखते हैं कि यह दुखद स्थिति है कि मराठी साहित्य के अधिकांश इतिहासकार फुले का जिक्र नहीं करते।

जी.पी. देशपांडे के मुताबिक, अधिकतर इतिहासकार मुख्यतः यही एक बात कहते हैं कि ब्राह्मणों ने फुले को गम्भीरता से नहीं लिया या मात्र इसकी अभिपुष्टि करते हैं कि फुले ने मराठी में पहला राजनैतिक और विमर्शपूर्ण नाटक लिखा। फुले के रचनात्मक लेखों पर भालचन्द्र नेमाड़े के लेख के अलावा, गम्भीर टीका के रूप में बहुत कम लिखा हुआ मिलता है। यह एक ऐसी कमी है जिसे कम-से-कम मराठी में तो दूर किया ही जाना चाहिए। (जी.पी. देशपांडे, इंट्रोडक्शन, 'सिलेक्टिड राइटिंग्स ऑफ ज्योतिराव फुले', लेफ्टवर्ड, 2002।)

अपनी किताब 'द वर्ल्ड ऑफ आइडियाज इन मॉडर्न मराठी : फुले, विनोबा, सावरकर' (तूलिका, 2009) में जी.पी. देशपांडे लिखते हैं, 'इस सर्वेक्षण के लिए शुरुआती, और कई मायनों में महत्त्वपूर्ण बिन्दु के रूप में मैंने 1855 को चुना है। इस साल ज्योतिबा फुले का नाटक 'तृतीय रत्न' (या तृतीय नेत्र) लिखा गया

और प्रकाशित हुआ।...शुरुआती बिन्दु के रूप में 1869 भी ठीक होता, जब फुले ने अपना पहला विमर्शीय लेखन प्रकाशित किया।' यह महत्त्वपूर्ण है कि 'सबसे लम्बी सदी' की तारीखें तय करने के लिए देशपांडे साहित्यिक कृतियों के प्रकाशन को चुनते हैं, और दोनों फुले की कृतियाँ हैं।

फुले द्वारा प्रकाशित सर्वप्रथम साहित्यिक कृति थी मूर्तिपूजा का घोर विरोध करनेवाला उनका नाटक 'तृतीय रत्न'। इसके मुख्य पात्रों में एक स्थानीय भाट, अन्धविश्वासों में घिरा गरीब किसान और उसकी पत्नी और शायद भारतीय नाटकों में पहली बार, एक विदेशी ईसाई मिशनरी, शामिल थे। उद्देश्य यही था कि इसे ग्रामीण निरक्षर दर्शकों के सामने प्रस्तुत किया जाए। इसलिए इसकी मराठी न केवल आम लोगों की बल्कि खास तौर पर किसानों की भाषा थी।

यह फुले के लेखन का एक महत्त्वपूर्ण पक्ष है—वह भाषा के इस्तेमाल के प्रति संवेदनशील थे और अपने सुननेवालों तथा माध्यम के हिसाब से उसमें बदलाव करते थे। प्रोफेसर देशपांडे लिखते हैं, 'फुले की भाषा कमाल की है और अपने समय के हिसाब से बेजोड़।' यह भी देखा गया है कि फुले की मराठी लिखित की बजाय मौखिक भाषा पर आधारित थी। ऐसा इसलिए क्योंकि उनके प्रमुख श्रोता नियमित रूप से साक्षर होते जा रहे शूद्र-अतिशूद्र थे। यह बात समझ में आती है, हालाँकि देशपांडे इस पर भी गौर करते हैं कि फुले की मराठी उस समय 'लीक से हटकर होती थी' जब वे दलित वर्ग को सम्बोधित नहीं कर रहे होते थे। इसे इस रूप में समझा जाए कि यह उनकी सोची-समझी कोशिश थी कि भाषा का भी सुधार किया जाए और संस्कृत-आधारित, 'साहित्यिक' मराठी का अब्राह्मणीकरण किया जाए।

क्या साहित्यिक भाषा की राजनीति ही कारण थी कि 1855 में ब्राह्मण वर्चस्व वाली दक्षिणा प्राइज फंड कमेटी ने उनके नाटक को खारिज कर दिया? फुले को तो यही लगता था। 'गुलामगिरी' के अन्त में उन्होंने इस सारे प्रकरण का विश्लेषण किया और उस समय के संस्कृति युद्ध पर हमें महान बहुजन परिप्रेक्ष्य प्रदान किया। फुले निश्चित तौर पर इस संघर्ष के अगुआ थे। उन्हें गर्व था कि उन्होंने कोई समझौता नहीं किया और अपने समय के ब्राह्मणवादी वर्चस्व के सामने नहीं झुके।

संवाद शैली को फुले कितना पसन्द करते थे यह उनकी कृतियों से पता चलता है। नाटक तो जाहिर तौर पर मुख्यतः संवाद शैली का ही इस्तेमाल करता

है, लेकिन उनकी महानतम कृति 'गुलामगिरी' के बड़े हिस्से में भी संवादों का इस्तेमाल किया गया है—उनके सहयोगी धोंडीबा और उनके बीच हुए संवाद का।

हालाँकि सावित्रीबाई ने 1854 में अपना काव्य-संग्रह 'काव्य फुले' प्रकाशित किया, लेकिन अब यह व्यापक रूप से मान्य है कि 'आधुनिक मराठी कविता की शुरुआत महात्मा ज्योतिबा फुले की रचनाओं से होती है।' उनमें प्रमुख थे पावड़ा, मराठी वीरगाथा, जो सब 1869 में प्रकाशित हुए। उनकी 'छत्रपति शिवाजीराव भोसले यांचा' प्रकाशित होनेवाली पहली प्रमुख मराठी साहित्यिक रचना थी जो महान मराठा नायक शिवाजी पर आधारित थी और यह एम.जी. राणाडे की 'राइज ऑफ मराठा पावर' पुस्तक के प्रकाशित होने से 31 साल पहले छपी थी। रोजालिंड ओ' हैनलोन 'छत्रपति शिवाजीराव भोसले यांचा' को सबसे प्राचीन 'राजनैतिक' पावड़े के रूप में देखती हैं। वह लिखती हैं, "यहाँ हम देख सकते हैं कि फुले सामाजिक और राजनैतिक प्रतीकों को लेकर संवेदनशील थे और एक खंडनवादी और विचारक के रूप में यह उनकी सबसे बड़ी ताकत बना।"

फुले के साहित्यिक योगदानों का यह सर्वेक्षण चलता जा सकता है लेकिन यह शायद उनकी भूख बढ़ाने के लिए काफी है जो बहुजन साहित्य के इतिहास और विकास में वाकई दिलचस्पी लेते हैं। जरूरत है शोधपरक प्रमाणों की। लगता तो यही है कि फुले न केवल आधुनिक व्यवस्थामूलक बहुजन विचारक थे बल्कि सम्भवत: आधुनिक बहुजन साहित्य के अग्रदूत भी।

महान सामाजिक क्रान्तिकारी और शिक्षाशास्त्री ज्योतिराव फुले के जीवन-संघर्ष पर आधारित इस उपन्यास में मैंने उनका नाम ज्योतिराव फुले ही लिखा है। वैसे महाराष्ट्र में उनका नाम ज्योतिबा फुले प्रचलित है। हालाँकि ज्योतिराव फुले भी प्रयोग में है। मराठी भाषा और शैली के आधार पर उनका उपनाम फुले लिखा जाता है। इसलिए हमने फुले ही लिया है न कि फूले, जबकि फूल से सम्बद्ध होने के कारण फूले स्वाभाविक होता। स्वयं महाराष्ट्र शासन से प्रकाशित पुस्तकों में फुले ही प्रयोग हुआ है। कहीं-कहीं ज्योतिबा भी प्रयोग हुआ है। हाँ, उनके नाम से पहले महात्मा शब्द हमने कम ही प्रयोग किया है। सामान्यत: महात्मा फुले का नाम मराठी और हिन्दी में अलग-अलग तरह से प्रयुक्त हुआ है। मुरलीधर जगताप कहते हैं कि राव शब्द राजा या राय के समानार्थक होने पर भी ज्योतिराव के बदले 'ज्योतिबा' कहना ठीक है। क्योंकि मराठी भाषा में 'बा'

आदर का सूचक है। हमें समझना होगा कि फुले ने कभी ज्योतिबा के नाम से हस्ताक्षर नहीं किया। उन्होंने हस्ताक्षर करते समय जोतीराव या फिर जोती शब्द का इस्तेमाल किया है।

इस उपन्यास को लिखने के दौरान मुझे जिन साथियों से सहयोग मिला, उनमें शान्ति स्वरूप बौद्ध, सुजाता पारमिता, सुनील सरदार, प्रमोद रंजन, हरि सिंह नरके आदि हैं। इन सबका आभारी हूँ। विशेष रूप से प्रमोद रंजन के डीफू (असम) स्थित निवास में मैंने उपन्यास का प्रूफ पढ़ते हुए कुछ महत्त्वपूर्ण दर्ज भी किया। साथ ही 'फारवर्ड प्रेस' के सहकर्मियों तथा डॉ. सतीश पावड़े और ललिता धारा जी का भी धन्यवाद। 'फॉरवर्ड प्रेस' के कई अंकों में ज्योतिराव फुले और सावित्रीबाई फुले के व्यक्तित्व तथा कृतित्व पर महत्त्वपूर्ण आलेख प्रकाशित हुए थे।

क्रान्तिपुरुष ज्योतिराव फुले नाम से उपन्यास की शुरुआत मैंने लगभग चार वर्ष पूर्व की थी। उससे पहले नागपुर, बम्बई, पूना, नासिक आदि शहरों में सभा-सम्मेलनों में शामिल होने के लिए जाना होता था। कभी-कभी बम्बई विश्वविद्यालय और पूना विश्वविद्यालय (अब सावित्रीबाई फुले विश्वविद्यालय) में दलित साहित्य पर लेक्चर देने के अवसर भी मिलते थे। इस बीच शोधकार्य भी चलता रहा। इसी दौरान लीलाधर मंडलोई जी से ज्ञानपीठ ऑफिस में मुलाकात हुई। मैंने उन्हें बतलाया कि मैं ज्योतिराव फुले पर उपन्यास लिख रहा हूँ। मेरी बात सुनते ही वे कह उठे कि आप जितना जल्दी पूरा कर सकते हैं, कर दें। हम इसे प्रकाशित करने को तैयार हैं। मैं यह उपन्यास अगले लगभग छह माह में पूरा कर पाया। मैंने उन्हें उपन्यास की पांडुलिपि दी, पर उन्होंने वापस कर दी। जुलाई, 2022 में मैंने उपन्यास में और सामग्री जोड़ी और अशोक महेश्वरी जी को दी। उन्होंने इसे राधाकृष्ण प्रकाशन से छापने की बात की। उनका मैं आभारी हूँ।

सम्भवत: हिन्दी में यह पहला उपन्यास है जिसमें ज्योतिराव फुले और सावित्रीबाई के जीवन-संघर्ष तथा दलित-पिछड़ों के साथ महिलाओं को शिक्षित करने के चुनौतीपूर्ण कार्य को चित्रित किया गया है।

आशा है पाठकों के बीच ऐतिहासिक सन्दर्भों में कुछ नया जुड़ेगा। साथ ही शोधार्थियों के लिए महत्त्वपूर्ण जानकारी उपलब्ध होगी। जिसे वे सामाजिक सरोकारों को ध्यान में रखते हुए आगे बढ़ाएँगे।

अन्त में हम कहना चाहेंगे कि दलित रचनाकारों का यह आग्रह भी रहा है—

शब्दांची पूजा करीत नाही
मी माणसांसाठी आरती गातो
ज्यांच्या गावात सूर्य राही
त्यांच्या हालात उजेड़ देते।

अर्थात "हम शब्दों की पूजा नहीं करते, केवल आदमी के लिए अर्चना करते हैं। जिनके गाँवों में सूर्य नहीं है, उनके हाथों में रोशनी थमाते हैं।"

संसार के जितने भी 'ईश्वर' वाचक शब्द हैं—वे सभी किसी-न-किसी रूप में कर्मकांडों से युक्त होकर व्यर्थ हैं तथा मनुष्य को विघटित करनेवाले हैं।

गॉड (God) अल्लाह, ईश्वर, ब्रह्म आदि किसी भी रूढ़िगत शब्द को वे नकारते हैं। क्योंकि वे धर्म अथवा धर्म-ग्रन्थों को ईश्वर प्रणीत नहीं मानते। वे सभी मनुष्य निर्मित हैं और मनुष्यता की भलाई के लिए हैं। लेकिन होता यह है कि धर्म और धर्म-ग्रन्थों को ईश्वर प्रणीत बताकर हजारों वर्षों से उच्च वर्ग, निम्न वर्ग का शोषण करता आया है। स्वार्थान्धता के कारण राजसत्ता और धर्मसत्ता दोनों ने ही मिलकर धर्म की मूल उदात्त और व्यापक संकल्पना को अत्यन्त संकुचित बना दिया है। ज्योतिराव फुले की लड़ाई धर्म के इसी रूप से थी। उनका स्पष्ट विचार था कि धर्मग्रन्थ ईश्वर निर्मित नहीं हो सकते। मनुष्य और ईश्वर के बीच किसी दलाल की जरूरत ही क्या है? इसी प्रकार उन्होंने सवाल किया कि स्त्री और पुरुष में भेदभाव क्यों है? ब्राह्मण श्रेष्ठ और शूद्र नीच, यह कौन सी नीति है? होमर की तरह, ज्योतिराव फुले भी मानते थे कि वह जो एक मनुष्य को गुलामी के अधीन करता है, उससे उसकी आधी प्रतिभा हर लेता है। समाज, धर्म, संस्कृति, साहित्य और राजनीति के ऐसे अनके प्रश्न और चित्र मेरे इस उपन्यास 'क्रान्तिपुरुष ज्योतिराव फुले' में आए हैं। प्रकाशक और साथियों का पुन: आभार।

—मोहनदास नैमिशराय

क्रान्तिपुरुष ज्योतिराव फुले

देश में राजे-रजवाड़ों का हुजूम था। रियासतदार भी अपने-आपको किसी से कम नहीं समझते थे। कहीं सिंहासन गिर रहे थे तो कहीं स्थापित हो रहे थे। महाराष्ट्र में भी ब्रिटिश साम्राज्य के तहत कुछ प्यादे सुख, समृद्धि और सम्भोग के लिए एक-दूसरे को मारने-काटने में लगे थे। महलों और हवेलियों में रंगशालाएँ भी थीं और सोने-चाँदी के पिंजरों में कैद रखैलें और बाँदियाँ भी। पेशवाई की गिरती साख का चश्मदीद गवाह आखिर कौन नहीं था। सभी को तो इन्तजार था जैसे किसी के आने का। जो इन भ्रष्ट और ऐयाश राजाओं के कलुषित साम्राज्य को जमींदोज कर सके। जन के बीच उनका वैभव और पेशवाशाही के विनाश और ज्योतिबा फुले के जन्म के बीच बड़ा ही विचित्र सम्बन्ध रहा। कहा जाता है कि जिस दिन पूना का शनिवारवाड़ा यानी पेशवाई महल जलकर भस्म हुआ, उसी दिन ज्योतिबा का जन्म हुआ। पेशवाई का अन्त और फुले का आगमन, कैसा विरोधाभास था। हालाँकि नया युग दस्तक देने लगा था। पर पुराना भी उसे पीछे ठेलने में अपनी ताकत लगा रहा था। ज्योतिराव जब नौ-दस माह के थे तभी उनकी माँ चिमणाबाई का 25 दिसम्बर के दिन देहान्त हो गया। पत्नी की मृत्यु से गोविन्दराव बहुत दुखी हुए। जैसे-तैसे कर पहले उन्होंने अपने-आपको सँभाला, फिर बच्चों को। उन्होंने दूसरी शादी नहीं की। और राजाराम तथा ज्योति की परवरिश के लिए उनकी मौसेरी बहन को बुलाया। सात वर्ष की उम्र हुई तब जाकर बालक ज्योतिबा को मराठी पाठशाला में दाखिला दिलाया गया।

इस काल में शूद्र विद्यार्थियों के लिए शिक्षा के द्वार धीरे-धीरे खुलने लगे थे। पाठशाला चलानेवाले अध्यापकों को 'पंतोजी' कहा जाता था।

विषम परिस्थितियाँ होने के बाद भी बालक ज्योति ने मराठी लिखना-पढ़ना सीख लिया था। वह जबानी गणित के हिसाब भी करने लगा था। पढ़ने में वह बहुत तेज था। जैसे फूलों की खुशबू फैलती है वैसे ही व्यक्ति की प्रतिभा आसपास फैलने में

देर नहीं लगती। यही अधिकांश ब्राह्मणों की परेशानी का सबब था। शूद्र क्यों पढ़ रहा है? ब्राह्मणों के सामने यह सवाल था। हालाँकि उन्हीं की किताबों में लिखा था। बच्चा भगवान का रूप होता है। वे ही ईश्वर के प्रतिनिधि हैं, यह सब एक-दूसरे को कहते-सुनते नहीं थकते थे। पर बच्चा तो शूद्र था। फिर वह ईश्वर या भगवान का रूप कैसे हो सकता था? वह तो पुरोहितों के जी का जंजाल बन गया था। कहाँ था उस बच्चे के प्रति स्नेह तथाकथित श्रेष्ठ कहे जानेवाले वर्ग के दिलों में। वहाँ तो द्वेष भरा पड़ा था। सवर्णों में कुछ ऐसा भी सोच-विचार करने लगे थे कि शूद्रों के पढ़ने से ब्राह्मणत्व नष्ट हो रहा है। वे अपने बच्चों को विद्यालय से लौटने पर स्नान करवाते कि शूद्र जाति के बच्चों के साथ पढ़कर आने से वे अशुद्ध हो गए हैं।

उनके मन में यह भाव भी रहता था कि सात समुन्दर पार से आनेवाले अंग्रेजी की पुस्तकों के स्पर्श से भी वे अपवित्र हो गए हैं। अधिकांश हिन्दू जड़ हो गए थे। किसी भी तरह के परिवर्तन के खिलाफ थे वे। ज्योतिराव का एक सहपाठी गोपालराव हरी देशमुख था, उनको विद्यालय से वापिस आने पर अंग्रेजी की पुस्तकों को घर से बाहर निकट के कुएँ के पास रखनी पड़ती थी। घर नहीं ले जा सकते थे वे पुस्तकों को। घर ले जाएँ तो घर में सब कुछ अपवित्र हो जाए। पुस्तकों के साथ भी भेदभाव था और छूत-अछूत की भावना। अजीब थी संस्कृति, उनकी सोच हैरतअंगेज थी। उनका विचार और उनका जीवन दर्शन अनोखा था। अजीबोगरीब थे वे। इन सभी विचारों को सनातनी हिन्दू अपने-अपने सीने से चिपकाए रखते थे। जिनके पास स्वर्ग और नर्क से सम्बन्धित खाते हुआ करते थे। उन्हीं खातों में वे घटत-बढ़त करते रहते थे। धर्म की बहियों में जोड़-घटाव न करें तो उनकी रोजी-रोटी ही खत्म हो जाए। मनुष्य के लिए जितना धर्म प्रमुख था, उतनी शिक्षा नहीं। बल्कि देखा जाए तो शिक्षा भी धर्म से प्रभावित थी। दूसरे शिक्षा सभी के लिए नहीं विशेष जातियों के लिए थी।

हर तीसरे-चौथे माह मौसम बदलते थे। सैनिकों के आने-जाने के रास्ते बदल जाते थे। कभी-कभी देश के भीतर रियासतें भी बदल जाती थीं। साम्राज्यों के रंग और झंडे बदल जाते थे। लेकिन हिन्दू धर्म का न चरित्र बदलता था और न रंग।

बड़ी मुश्किल से ज्योति के हाथ में कलम आई। बड़ी परेशानी से उसने लिखना सीखा, पर जल्दी ही कलम उससे छीन ली गई। उसके पिता गोविन्दराव ऊहापोह की स्थिति में थे। उनके सामने प्रश्न था कि बालक की शिक्षा से लाभ क्या है? उच्च वर्ग के लोग उन्हें यही समझाते कि शिक्षा से तो यह बालक शारीरिक काम-काज करने

के योग्य नहीं रहेगा और वह धर्म विरोधी बनकर धर्म के खिलाफ विद्रोह करेगा। लोगों का उन पर बराबर दबाव बना हुआ था कि वह ज्योति को स्कूल से हटा लें। शूद्रों का शिक्षा तथा स्कूल से भला क्या रिश्ता? उन्हें तो खेतों में होना चाहिए अन्न उगाने के लिए या फिर बगीचों में फूलों की देखभाल के लिए। ये सवर्णों के जन्मजात विचार थे, जो पंडितों और पुरोहितों के द्वारा घुट्टी में पिला दिए जाते थे। ब्राह्मणों ने हिन्दूजन को असमंजस में डाल दिया था।

पूना में कट्टरवादी हिन्दू लोग शूद्र और अन्य निम्न जाति के विद्यार्थियों को स्कूलों से निकलवाने पर तुले हुए थे। अंग्रेजों के खिलाफ भी ब्राह्मणों के स्वर उभरने लगे थे। क्या जरूरत थी उन्हें हमारे धर्म और समाज के नियमों में दखल देने की? उन्हें अंग्रेजों की दी गई गुलामी से कोई गुरेज न था। दिक्कत थी तो उनके द्वारा सामाजिक परिवर्तन के दर्शन से। महाराष्ट्र के लगभग सभी गाँवों और शहरों में ऐसी ही स्थिति थी। जिस परिवेश में कभी संतों की वाणी गूँजती थी, उसी परिवेश में अब हाहाकार की गूँज थी। धर्म के दबंगों ने बहुजन मन को जख्मी कर दिया था। उन दिनों बम्बई के एक कट्टर हिन्दू नेता धकजी दादाजी प्रभु के निर्देश पर 'बम्बई नेटिव एजुकेशन कमेटी' द्वारा संचालित विद्यालय से दलित और अन्य पिछड़ी जातियों के विद्यार्थियों के नाम काट दिए गए। कई ऐसे भी स्कूल थे जिन्हें जला दिया गया। ज्ञान की गंगा में द्वेष की आग प्रवाहित हुई।

बालक ज्योति का मन धुआँ-धुआँ होने लगा था। पर वह अकेला करे क्या? एक तरफ ब्राह्मणों का विरोध दूसरे स्वयं उसके पिताजी की अपने ही बेटे को स्कूल न भेजने की विवशता। ज्योति पढ़ाई छोड़कर अपने पिता के साथ अपने परम्परागत कार्य में लग गया। कलम छूट गई। बदले में उसके हाथ में कुदाल आ गई। खुरपी आ गई, फावड़ा आ गया। वह फिर से फूलों की क्यारी बनाने लगा। खेतों में सब्जियों के बीज डालने लगा। बालक के नन्हे हाथ गोड़ाई करते, पानी देते, निराई करते, खरपतवार बीनकर दूर फेंकते। यह सब करते हुए बालक ज्योतिबा के माथे पर पसीने की बूँदें चुहचुहाने लगतीं। पिता यह सब देखते। देखकर उनका मन पीड़ा से भर जाता। वे कह उठते—

'बेटे और कितनी खरपतवार बीनकर दूर फेंकते रहोगे?'

ज्योति का स्वर उभरता—

'पिताजी ब्राह्मण भी तो हमें खरपतवार समझकर समाज से दूर फेंकते रहे हैं।'

सुनकर गोविन्दराव का दर्द बाहर निकला—

'बेटे।'

पुनः बेटे का स्वर उभरा—

'क्या उन्होंने हमें खरपतवार समझकर फेंकना बन्द किया?'

ज्योति के एक ही वाक्य में समाज का यथार्थ उभरकर आ गया था। यह सब देख और सुनकर अनायास ही पिता की आँखों में आँसू छलछला आए। वे कुछ कहना चाहते थे, लेकिन कह नहीं सके। आवाज उनकी गले में ही अवरुद्ध हो गई। विचार जैसे शून्य हो गए। खेत में काम करते हुए बालक ज्योति ने महसूस किया। पिताजी कुछ बोल नहीं रहे हैं। उसके एक हाथ में खुरपी थी। उसे चलाना बन्द कर वहीं से बोला, 'पिताजी।'

सुनकर भी गोविन्दराव बोल नहीं सके। आँखों से अश्रुधारा बहने लगी। कन्धे पर लटके गमछे से उन्होंने आँसू पोंछे। तभी ज्योंति ने पूछा, 'पिताजी, आप चुप क्यों हो गए?'

अब उसके पिताजी कैसे बताते। जितना आँसुओं को छुपाने की कोशिश करते, उतना ही वे भेद खोलने पर उतारू होते। आँसू तो आँसू थे। चाहे पिता की आँखों में आएँ या बेटे की। इस बार भी जब पिता ने जवाब नहीं दिया तो बेटे को भीतर फिक्र हुई। उनके पिता क्यों नहीं बोल रहे हैं? वह वहीं से उठकर वहाँ चला गया, जहाँ पिता पीठ फेरे खड़े थे।

'पिताजी, आप रो रहे हैं।'

भरे गले से उनका जवाब उभरा—

'हाँ बेटे, मैं रो रहा हूँ। रोने के अलावा और कर भी क्या सकता हूँ?'

पुनः बेटे के भीतर से सवाल उभरा—

'क्यों पिताजी?'

इस बार गोविन्दराव ने गम्भीरता से कहा—

'बेटे ब्राह्मणों के कहने पर मैंने तेरी पढ़ाई-लिखाई बन्द करा दी।'

ज्योति ने अपने पिता की ओर देखा। जिनके चेहरे पर पश्चात्ताप के चिह्न उभर आए थे। आँखों में ग्लानि तैरने लगी थी। तभी ज्योति ने कहा—

'कोई बात नहीं पिताजी। मैं पढ़ लूँगा। अभी तो बहुत उम्र पड़ी है।'

गोविन्दराव ने सुना तो उन्हें जैसे ढाढ़स हुआ। मन पर पड़ा दुख का पहाड़ जैसे थोड़ा हटा। वे बोले, 'बेटे, जिस हाथ में खुरपा आ जाए, उसी हाथ में क्या फिर से कलम आ सकती है?'

पिता का सवाल गम्भीर था। उनकी बात सुनकर ज्योति ने तत्काल कहा, 'पिताजी, क्यों नहीं आ सकती इन हाथों में कलम? देख लेना एक दिन फिर से मेरे हाथों में भी कलम आएगी और जरूर आएगी।'

धीरे से गोविन्दराव के भीतर से जैसे कुछ उभरा, 'काश ऐसा हो।'

तभी ज्योति बोला, 'ऐसा ही होगा पिताजी। मैं पढ़ूँगा, खूब पढ़ूँगा।'

बेटे ने कहा और पिता ने सुन लिया। दोनों के भीतर द्वन्द्व थे। बेटे के भीतर पढ़ने की चाह थी। उसे दुख था कि उसकी पढ़ाई बीच में ही रुकवा दी गई थी। पिता को अफसोस था कि उन्होंने ब्राह्मणों के दबाव में आकर बेटे को स्कूल जाने से रोक दिया। पर बेटे को आगे पढ़ाना कौन पिता नहीं चाहेगा?

मिट्टी खोदने वाला समाज, मिट्टी से खेलना भी जानता था और मिट्टी की भाषा भी समझता था। वे भूमि-पुत्र थे। मिट्टी से उनके रिश्ते थे। मिट्टी से जिनके रिश्ते नहीं होते, उनके मनुष्यता से भी क्या रिश्ते होंगे। मिट्टी की गंध और अस्मिता से दूर रहनेवालों के द्वारा मनुष्य-मनुष्य के बीच दीवार खड़ी कर दी गई थी। भेदभाव और नफरत फैला दी गई थी।

हर युग की अपनी परम्पराएँ तथा रीतियाँ हुआ करती हैं। परिवार में लड़की जन्म लेने के साथ ही जैसे घुटनों के बल आगे बढ़ती और पाँवों पर चलना सीखती, घर वालों को लगता कि वह जवान हो गई है। ऐसे ही सावित्री के परिवार में भी सोचा-समझा गया। लड़की सयानी हो गई और उसकी शादी-ब्याह के बारे में सावित्री की माँ ने खंडोजी पाटील को बतलाया। तत्कालीन समाज में मान्यता ही कुछ ऐसी थी कि छह साल की उम्र में ही लड़की की शादी होनी चाहिए। यदि लड़की छठवाँ साल पार कर चुकी हो और उसकी शादी नहीं हुई तो घोड़नभू तथा उसी प्रकार दस साल पार कर चुके लड़के को घोडवर कहकर समाज में खिल्ली उड़ाई जाती थी। फलस्वरूप सात साल की बेटी सावित्री की शादी के बारे में उसकी माँ का चिन्तित होना स्वाभाविक ही था। हालाँकि जिम्मेदारी परिवार के लोगों की थी, लेकिन पड़ोसी पहले से ही बातें करने लगते थे। कुछ लोग ताने भी मार दिया करते। उस काल में रूप-रंग, गुण, घर, काम तथा खेती-बाड़ी में श्रम की आदत आदि को देखकर लड़की का महत्त्व तय होता था। गरीब और अमीर परिवारों में दहेज लेने तथा देने की प्रथा थी। शादी समारोह भी एक विशिष्ट पद्धति से होता था। ब्याह की तिथि तय हो जाने पर कीर्तन, नाच-गाना आदि का आयोजन किया जाता था।

उन दिनों हल्दी पीसने के लिए बहुत बड़ी चक्की का प्रयोग किया जाता था और इस काम में स्त्रियों के साथ पुरुष भी हिस्सा लेते थे। वर के नहाते समय ग्रामजोशी, गुरव (पुजारी) आदि पवनी तथा लेहनादार उपस्थित रहते थे। शादी से पहले दूल्हा अपने रिश्तेदारों के साथ कुल्हाड़ी, एक हाथ लम्बा रस्सा और कोहबर लेकर मातृपूजन के लिए हनुमानजी के मन्दिर जाता था और वहाँ भगवान की शरण लेने की विधि होती थी। शादी के अवसर की सभी विधियाँ परिवार में सदियों से चली आ रही थी। हालाँकि हर परिवार तथा जाति के नियम अलग थे।

धनकवाड़ी के पाटील और नायगाँव के नेवसे पाटील, इन दोनों खानदानों में पहले से रिश्ता था। धनकवाड़ी के पाटील की बेटी सगुणाबाई अपने मौसेरे भाई ज्योति के लिए योग्य लड़की की तलाश में थीं। उसने अनेकों लड़कियों को देखते हेतु गोविन्दराव फुले तथा बड़ा बेटा राजाराम और सगुणाबाई बैलगाड़ी से सफर करते हुए पुणे से नायगाँव आए। रस्म-रिवाज के अनुसार नायगाँव ग्रामद्वार पर रुककर वहाँ के पहरेदार की ओर से खंडोजी पाटील को खबर भेजी। पुणे के मेहमान अपने घर आ रहे हैं, इस खबर से खंडोजी पाटील बहुत खुश हुए और ग्रामद्वार पर जाकर उन्होंने मेहमानों की अगवानी की। उनके नौकर ने तत्परता के साथ मेहमानों के बैलों के लिए चारे-पानी की व्यवस्था भी की।

उस जमाने में न तो लड़का अपनी होनेवाली पत्नी को देखने के लिए जाया करता था, और न ही लड़की को अपने होनेवाले पति को देखने की स्वतंत्रता थी। घर वाले जो भी रिश्ता पक्का कर देते उसे ही आँख मूँदकर लड़के और लड़की दोनों को मान लेना पड़ता था। यह तो केवल संयोग ही था कि ज्योति और सावित्री दोनों ही देखने में सुन्दर, एवं गुणसम्पन्न थे। सावित्री तथा उसकी माँ ने पुणे से आए मेहमानों के लिए भोजन परोसा। और मेहमानों से दो दिन के लिए ठहरने की प्रार्थना की। जिसे ज्योति के पिता ने स्वीकार कर लिया। इस बीच खंडोजी पाटील बड़ी नम्रता से उनकी आवभगत करते रहे। फुले और नेवसे घरानों ने सगाई एवं विवाह सम्बन्ध को अच्छी तरह से जाँचा-परखा। खंडोजी पाटील तो ज्योति को पहले से ही पहचानते थे। अत: अपनी बेटी के लिए यह रिश्ता पक्का करने में कोई समस्या नहीं थी। लेकिन रिश्ता पक्का करते समय दहेज कितना दिया जाए इस बात पर सगुणाबाई ने प्रस्ताव रखा कि ग्रामवासियों के भोजनादि का खर्चा वर के पिता सँभालें और अन्य खर्च दोनों ओर के लोग अपनी-अपनी इच्छा से करें। यह प्रस्ताव सभी ने मान लिया। शादी का दिन भी पक्का किया गया। अत: शुभमुहूर्त

पर नायगाँव में ज्योति के साथ 1840 में सावित्री की शादी सम्पन्न हुई। उस समय ज्योतिबा की उम्र थी तेरह साल और सावित्री की उम्र लगभग आठ साल थी।

पुणे तथा नायगाँव इलाके के सभी लोग आत्मीयता से इस शादी समारोह में शामिल हुए। नायगाँव इलाके में ही यह उत्सव मनाया गया। खंडोजी पाटील, गोविन्दराव फुले तथा सगुणाबाई ने विवाह समारोह के लिए उपस्थित सभी लोगों का मन से स्वागत किया तथा उनके खाने-पीने की यथोचित व्यवस्था करने का भरसक प्रयत्न किया। भोजनादि के अवसर पर न जाति का और न अमीर-गरीब का भेद रखा। जिसे भी आना था उसका स्वागत किया गया। किसी से कोई सवाल भी नहीं पूछा गया, न जाति का और न गाँव का। सभी को एक जैसा प्रेम-पूर्वक भोजन कराया गया। सभी का सम्मान किया गया। विदाई की वेला में सभी खुश थे। सम्बन्धों की सुगन्ध का विस्तार हुआ।

विवाह के बाद पहली रात। तब कहाँ समझ होती थी वह सब। शरीर में गंध तो होती थी, लेकिन वह उद्वेलित नहीं होती थी। एक-दूसरे के प्रति जिज्ञासा भाव होता था। पर शर्म और हया का पर्दा भी रहता था। खेलने की उम्र में विवाह। और विवाह के बाद खेल, वह अपनी जगह यथावत रहता था। सावित्री भी खेलने की उम्र में ही तो ससुराल आई थी। उन दिनों बच्चों को माँ-बाप, सास-ससुर के द्वारा बताया जाता था कि यह तेरे पति हैं, और ये तेरी पत्नी। पति-पत्नी के बीच शारीरिक रिश्ते बनने में समय लगता था। पहले सप्ताह, फिर पखवाड़े और महीनों के बाद कभी-कभी कई बरस लग जाते थे इसकी इन्तजार में। सावित्री और ज्योति दोनों के भीतर यह समझ आने लगी थी। पहले तो एक-दूसरे से बातें करने में ही पति-पत्नी शरमाते थे। लड़की शर्म की गठरी बनी होती थी। उसी गठरी को खोलना मुश्किल होता था।

उन दोनों के बीच जब बातें होने लगीं तो एक दिन ज्योति ने कहा—

'तुझे पढ़ना है सावित्री।'

सुनकर सावित्री को अजीब-सा लगा। लड़कियाँ तो मैके में भी नहीं पढ़ती थी तब। फिर ससुराल में रहते हुए पढ़ने की बात तो बहुत दूर थी। धीरे से उसने कहा—

'मुझे।'

ज्योति ने फिर से कहा—

'हाँ, तुझे।'

तभी सावित्री का स्वर उभरा—

'पर माँ ने तो कहा था कि मुझे ससुराल में जाकर काम करना है। सास-ससुर की सेवा करनी है।'

ज्योति जवाब में बोला—

'वह सब तो ठीक है। पर पढ़ना भी चाहिए।'

असल में उन्नीसवीं सदी में स्त्री-जीवन स्वाधीनता से दूर ही रहा। दुल्हन का अर्थ—घर-आँगन में झाड़ू लगानेवाली, भोजन बनानेवाली, बर्तन माँजनेवाली, पति के साथ सास-ससुर की सेवा करनेवाली, हर सम्भव ध्यान रखने तक उसका जीवन चूल्हे-चौके तक ही सीमित था। सदियों से यही रीत चली आ रही थी। परिवार की हर महिला को, चाहे वह गाँव में रही हो या शहर में, इसी परम्परा को ढोना पड़ता था। ज्योति ने इस परम्परा को तोड़ा था।

ज्योति का पुस्तक प्रेम अभी बना हुआ था। ब्राह्मणों ने उसका स्कूल जाना छुड़वा दिया था। तो क्या हुआ? दिन-भर बगीचे में काम करने के बाद रात के समय दीये की रोशनी में पुस्तकें पढ़ना, उसका नित्य नियम था। विवाह होने से उसके भीतर कुछ खास फर्क नहीं था। घर पर वह अभी भी पढ़ता-लिखता था। ज्योति का यह पुस्तक प्रेम, कुछ लोगों की नजर से छिप नहीं सका। गोविन्दराव के उद्यानों के पड़ोस में दो विद्वान गृहस्थ रहते थे। उनमें एक गफ्फार बेग मुंशी, उर्दू और फारसी के शिक्षक थे। दूसरे लिटीज साहब थे। उन्होंने ज्योति के भीतर ज्ञान की ज्योति महसूस की थी। इसलिए उन्होंने ज्योति को आगे पढ़ाने की गोविन्दराव को सलाह दी। उनकी प्रेरणा से गोविन्दराव ने ज्योति को 1 जनवरी, 1841 को विद्यालय में पुन: प्रवेश दिलाया। परन्तु इस बीच ज्योति ने तीन मूल्यवान वर्ष गँवा दिए थे।

जो समय हाथ से निकल गया, उस पर ज्योति का वश नहीं था। पर जो समय उनके पास था, उस पर तो इसका वश था ही। उम्र की बढ़त ने इतना तो सिखा ही दिया था। इसलिए वह एक-एक पल का सदुपयोग कर रहा था। स्कूल में जाकर पढ़ने-लिखने के दौरान उसे अच्छा भी लग रहा था।

आस-पड़ोस के ब्राह्मणों ने ज्योति को फिर से स्कूल जाते देखा तो उनके सीने पर साँप लोटने लगा। यह सोचकर उनके भीतर पुन: हड़कम्प पैदा होने लगा कि एक शूद्र का बच्चा दोबारा पढ़ने के लिए स्कूल जाने लगा। ज्योति के कलम और किताबों से बढ़ते रिश्ते को भला वे कब सहन करनेवाले थे। धर्मग्रन्थों ने सीख ही ऐसी दी थी। वे स्वयं अपने-आपको परेशान करने लगे। जब वे परेशान होते तो

जाहिर बात थी कि वे गोविन्दराव को भी परेशान करते। क्योंकि उनकी परेशानी का कारण तो वही थे। पड़ोस के पंडित ने एक दिन उसे कहा भी—

'गोविन्द, तू अपने बेटे को फिर से पढ़ाने लगा।'

उन्होंने संक्षिप्त उत्तर दिया—

'हाँ पंडित जी, अच्छा ही है, दो अक्षर सीख जाएगा। मेरी तरह अँगूठा छाप तो नहीं रहेगा।'

पंडित को ऐसे जवाब की आशा नहीं थी। थोड़ा नाराजगी में उन्होंने कहा—

'अरे, क्या अच्छा होगा दो अक्षर सीखने पर?'

इस बार थोड़ा हिम्मत कर पूछा गोविन्दराव ने—

'क्यों पंडित जी पढ़ना-लिखना अच्छी बात नहीं है क्या?'

उनका सवाल सुनकर अब पंडित आगबबूला हो गए। वे बोले—

'अरे क्या खाक अच्छी बात है? देख लेना पढ़-लिखकर तेरा बेटा न घर का रहेगा, न घाट का।'

सुनकर अजीब-सा लगा उन्हें। पूछ लिया—

'ऐसा क्यों पंडित जी महाराज?'

'देख गोविन्द, जिन लोगों की गोद में तुम और तुम्हारे जातिभाई बैठते हैं उनके बारे में समझ लो कि वे सात समुन्दर पार कर यहाँ सिर्फ राज करने आए हैं।'

थोड़ा हिम्मत कर गोविन्दराव ने कहा—

'पंडित जी महाराज, आप भी तो अंग्रेज अफसरान के दरबार में जाते हैं।'

सुनकर पंडित का जैसा पारा चढ़ गया। वे बोले—

'जबान बहुत लड़ाना सीख गए हो तुम। यह सब उन्हीं ईसाइयों के कारण। और चलो मान लिया कभी-कभार चले गए अफसरान के पास, लेकिन हम ईसाई नहीं बनते तुम लोगों की तरह।'

'पंडित जी, हम कब ईसाई बने? जरा बतलाओ तो।'

पंडित के स्वर में अब भी क्रोध था—

'अरे तुम नहीं, तुम्हारे जाति भाई तो बनते हैं।'

गोविन्दराव जवाब देना चाहते थे। तभी पंडित बोल उठा—

'देखो गोविन्द, ज्योति को तुम स्कूल भेजकर धर्म विरुद्ध कार्य कर रहे हो। चलो मान लिया, पढ़-लिखकर तुम्हारा बेटा समझदार भी बन गया तो वह ईसाई जरूर बनेगा। ईसाई बन जाने पर तेरी सात पीढ़ियाँ नरक में चली जाएँगी।'

गोविन्द ने हिम्मत जुटाते हुए पूछा—

'ऐसा कैसे हो जाएगा? मेरी तो कुछ समझ में नहीं आ रहा है।'

इस बार पंडित ने गुस्से में कहा—

'तेरी मति तो मारी गई।' कहकर पंडित चला गया।

उन्हें जाते देख गोविन्दराव जवाब देना चाहते थे। लेकिन वे चुप ही रहे। चुप रहने में ही उनकी भलाई थी। बेटे की भलाई थी। पंडित को नाराज करना समझो साँप को नाराज कर देना। तीस-चालीस बरस के अनुभव ने उन्हें इतना तो समझा ही दिया था।

दो दिन बाद गोविन्दराव, गफ्फार बेग और लिटीज साहब से मिले। उनके मन में पंडित वाली बात थी जो रह-रहकर उन्हें बेचैन कर रही थी। उन्होंने उनसे सारी बातें बतला दी। गोविन्दराव की बात सुनकर वे दोनों खुलकर हँसे। फिर गफ्फार बेग ने कहा—

'गोविन्दराव लगता है नरक जाने के भय से ही तुमने अपने बेटे को पहले स्कूल से हटाया था।'

सुनकर वे चुप ही रहे। कुछ समझ में आया कुछ नहीं। तभी लिटीज साहब बोले—

'गोविन्दराव जी, असल बात यह है कि ब्राह्मण नहीं चाहते कि तुम्हारे बच्चे पढ़े-लिखें। वे अच्छा जीवन बिताएँ। इसलिए वे स्वर्ग-नरक की बात करते हैं।'

तभी गोविन्दराव का सवाल उभरा—

'लेकिन साहब, वे कहते हैं कि हमारे बच्चे पढ़-लिखकर ईसाई बन जाएँगे।'

लिटीज साहब ने उनकी ओर देखा फिर हँसते हुए कहा—

'देखो गोविन्दराव जी, यह सब झूठी बातें ब्राह्मण फैलाते हैं कि शूद्र पढ़-लिखकर ईसाई बन जाएँगे। अच्छा तुम्हीं बताओ, तुम्हारी बस्ती में कितने लोग ईसाई बने?'

जवाब दिया गोविन्दराव ने—

'एक भी नहीं।'

लिटीज साहब ने तुरन्त कहा—

'फिर...।'

तभी गफ्फार बेग बोले—

'लिटीज साहब, कोई ईसाई बने या मुसलमान, अरे भई यह तो उस आदमी की मर्जी है जो एक धर्म छोड़कर दूसरे धर्म को स्वीकार करना चाहता है। ये कौन हैं खामेखाँ?'

अपनी बात कहकर वे पल भर ठहरे। फिर बोले—

'तवारीख देखें, ईसाई और मुसलमान तो ब्राह्मण भी बने हैं। और धर्म बदलकर खूब फायदे लिये हैं। अंग्रेजों के दरबार में जाकर बड़ी-बड़ी नौकरियाँ हासिल की हैं। सुविधाएँ बटोरी हैं। अब इन गरीबों को दोष देते हैं ये?'

गोविन्दराव ने उन दोनों की बातें सुनी। फिर धीरे से उनका स्वर उभरा—

'मेरी तो समझ नहीं आ रहा है मैं क्या करूँ?'

'बेटे को पढ़ाओ-लिखाओ बस।' दोनों ने एक साथ कहा।

ज्योति को अध्ययन में गहन रुचि थी। तीक्ष्ण बुद्धि और दृढ़ संकल्प से, उसने परीक्षाओं में प्रथम श्रेणी के अंक प्राप्त किए। अध्यापकों तथा सहपाठियों ने उसकी प्रशंसा की। इस विद्यालय में ज्योति की एक ब्राह्मण युवक सदाशिव बल्लाल गोवंडे के साथ मित्रता हो गई।

छात्रावस्था में ही ज्योति पर अनेक नए विचारों के संस्कार होने लगे। घर में, पड़ोसी मुस्लिम बच्चे उसके मित्र थे। खेल-कूद के समय उनके द्वारा ज्योति को हिन्दू धर्म की कुछ अमानवीय प्रथाओं, पाखंड तथा जातिभेद का ज्ञान हुआ। स्काटिश मिशन स्कूल में अध्ययन करते समय, ज्योति ने अपने ब्राह्मण मित्र के साथ शिवाजी तथा जार्ज वाशिंगटन का जीवन-चरित्र पढ़ा। उनके उदात्त विचार तथा देश प्रेम की भावना से प्रभावित होकर, ज्योति भी अपनी मातृभूमि के लिए कुछ करने की सोचने लगा। मातृभूमि की सेवा करने के लिए शारीरिक बल प्राप्त करने के उद्देश्य से ज्योति अपने ब्राह्मण मित्र के साथ 1840 में लहुजी बुआ उस्ताद की व्यायामशाला में प्रशिक्षण लेने लगा। वहाँ उसने शारीरिक व्यायाम किया तथा कुछ सैनिक प्रशिक्षण भी लिया। ज्योति तलवारबाजी तथा दांड पट्टा में निपुण हो गया। लहुजी बुआ उस्ताद विद्रोही विचारों से प्रेरित, अछूत मातंग जाति के गृहस्थ थे, जो अपनी व्यायामशाला में क्रान्तिकारी युवकों को प्रशिक्षण देते थे।

अपने विद्यार्थी जीवन में ज्योति ने सर थॉमस पेन का ग्रंथ 'मानव के अधिकार' का अध्ययन किया। इस ग्रंथ ने उसके मन और मस्तिष्क पर एक अलग ही प्रभाव छोड़ा। पेन से ज्योति का परिचय कुछ ब्रिटिश-विरोधी ब्राह्मणों ने करवाया था। इस पुस्तक के माध्यम से काली नस्ल के लोगों की गुलामी जानकर, ज्योति व्यथित हो गया। उन्होंने अपने ही देश में अपने या इर्द-गिर्द भी ऐसे ही चित्र देखे थे। देश में पहले से ही अपने लोगों की दासता से अपने लोग ही उत्पीड़ित होते थे। कुछ लोग

जहाँ अंग्रेजों से आजादी की माँग करते थे, वहीं बहुजन को गुलाम बनाए रखते थे। एक ओर न्याय तो दूसरी तरफ अन्याय, समाज में कैसा विरोधाभास था। उसके भीतर सवाल-दर-सवाल उभरते थे। इस ग्रंथ के अध्ययन से, उसके मन में विद्रोह की भावना ने जोर पकड़ा। अब उसके मन में अपने शूद्र भाइयों की अज्ञानता दूर करने का विचार आने लगा। पश्चिमी विद्या और मिशनरियों की शिक्षा से उसके मन पर कुछ अलग ही संस्कार हो रहे थे। मनुष्य, जो अंग्रेजी पढ़ना-लिखना जानता है, उसके लिए अंग्रेजी शिक्षा के माध्यम से ज्ञान के विपुल भंडार खुल गए थे। ज्योति और उसके मित्र ईसाई मिशनरियों के व्यवहार से बहुत प्रभावित थे। उसे हिन्दू धर्म की अर्थहीनता अनुभव होने लगी। उसका धर्म से विश्वास ही उठने लगा था। लेकिन कुछ सोचने के बाद उसने निर्णय लिया कि किसी एक विशिष्ट धर्म को न मानकर सभी धर्मों के मानवीय तत्त्वों का पालन करना चाहिए। कदाचित उसी समय से ज्योति सोचने लगा कि आखिरकार धर्म क्या है? धर्म का मतलब है, दूसरों के साथ सदाचार करना। इसे ही नैतिकता कहा जाता है।

इसी दौर में अमरीकी मिशन ने 1840 में पुणे के आसपास बालिका विद्यालय खोले। लेकिन हिन्दू अपनी लड़कियों को स्कूल नहीं भेजते थे। लड़कियों का शिक्षा लेना ब्राह्मणों के विचार में उन्हें बदलचन बनाना था। ऐसी ब्रह्मा के मुख से पैदा हुए लोगों की मानसिकता थी। जिस दौर में ज्योतिराव के भीतर धर्म, मुक्ति, गुलामी आदि के विचारों का उद्वेलन हो रहा था, वह पुनर्जागरण काल था। पर कैसा पुनर्जागरण? किसका पुनर्जागरण? उसमें भी विरोधाभास था।

1848 में ज्योतिराव के एक मित्र का विवाह था, जो ब्राह्मण था। ज्योति को उस मित्र ने विवाह के लगभग एक सप्ताह पहले उसको विवाह में आने के लिए में आमंत्रित किया। मित्र के द्वारा आमंत्रण की बात सुनकर पहले तो ज्योति को विश्वास ही न हुआ। वे असमंजस की स्थिति में था। मित्र ने कहा भी, 'क्यों ज्योति, क्या बात है। अपने मित्र के विवाह में तो आओगे न।'

सुनकर उसके मुँह से तत्काल निकला, 'जरूर आऊँगा तुम्हारे विवाह में।'

विवाह में शामिल होने का आमंत्रण देकर उसका ब्राह्मण मित्र चला गया था। लेकिन ज्योति को अभी भी विश्वास न हो रहा था। हालाँकि उसके मित्रों में सभी जातियों के युवक थे। वे कभी-कभी मिलते-जुलते भी थे। पर जाति की रेखाएँ ज्यादा घुल-मिलकर रहने से रोक देती थीं।

उन्होंने जाने से पूर्व घर में पूछा, 'पिताजी, मैं मित्र के विवाह में जाऊँ।'

यह सुनकर गोविन्दराव ने सिर्फ इतना कहा, 'जाओ बेटे लेकिन इतना याद रखो कि दोस्ती अलग है और समाज के नियम अपनी जगह।'

वह खुशी-खुशी विवाह में सम्मिलित हुआ और अन्य लोगों के साथ बरात में साथ-साथ चल रहा था। गलियों और बस्तियों से बरात गुजर रही थी। ढोलों की ढम-ढम और शहनाई की सुरीली आवाजें। इन सबके कारण परिवेश में थिरकन थी। बच्चों की खुशी का तो कोई ठिकाना ही नहीं था। मौसम भी खुशगवार था। पर कुछ हिन्दुओं के भीतर का मौसम ठीक न था। ब्राह्मण बरातियों में ज्योति को घुल-मिलकर चलते हुए देखकर, कुछ लोगों के बीच कानाफूसी शुरू हो गई। कुछ ने कहा और कुछ ने सुना। जरूरी था सन्देह के अंकुर उभरने के बाद जात के सवाल भी पूछे जाते।

हिन्दू सब कुछ भूल सकता है, लेकिन अपनी जाति को नहीं। तथाकथित कुलश्रेष्ठ और जातिश्रेष्ठ इस बारे में जातियों के पिंजरे की मानसिकता में ही जीना चाहते थे। ज्योति बरातियों और घरातियों के लिए वैसे ही अजनबी थे। उनकी जाति जैसे उन्होंने सूँघ ली थी। जाति का पता चला तो लोगों की भौहें टेढ़ी हो गईं। सभी के मुँह में एक प्रश्न था। माली जाति का एक युवक ब्राह्मणों की बारात में? जैसे ज्योति से कोई अपराध हो गया हो।

एक ब्राह्मण ने अपने जाति भाई से पूछ लिया, 'क्यों भई, यह शूद्र ब्राह्मणों के बीच कहाँ से आया? किसने इसे बुलाया?'

तभी दूसरे ब्राह्मण ने ज्योति का गिरेबान पकड़ लिया और कहा, 'तुम्हें शर्म नहीं आती? शूद्र होकर सनातनी ब्राह्मणों की बारात में आ गए? जाति-पाँति की कोई मर्यादा नहीं क्या? हट यहाँ से।'

तीसरा क्रोधित स्वर में बोला, 'बरात में रहना है तो सबसे पीछे चलना। आगे बिलकुल नहीं आना।'

ज्योतिराव भौचक्क रह गया। उसे बिलकुल भी विश्वास नहीं आ रहा था कि मित्र के विवाह में सम्मिलित होने पर इतना प्रताड़ित होना पड़ेगा। एक पल भी वह वहाँ ठहरना नहीं चाहता था। अपमान का कड़वा घूँट पीकर वह वहाँ से तुरन्त अपने घर लौट आया। वह धुआँ-धुआँ हो गया था। उसकी भावनाएँ उद्वेलित हो रही थीं। बहुत जल्दी बरात से लौट आने पर उनके पिता को आश्चर्य नहीं हुआ। न ही अपने बेटे की आँखों में आँसू देखकर उन्होंने कोई सवाल किया। बरात में बेटे के

साथ जातिवादियों ने क्या किया होगा, उन्होंने जल्दी ही जान लिया था। जबकि बेटे के भीतर हाहाकार था। उसने घर आकर अपने पिता को पूरे घटनाक्रम के बारे में बताया। वे सोच रहे थे कि उनके पिताजी ब्राह्मणों का विरोध करेंगे।

ज्योति की माँ तभी चल बसी थी जब वह सिर्फ नौ माह का था। उस उम्र में अपनी माँ के बारे में भला क्या जानता। कुछ न कुछ तो कहेंगे। ममता का अभाव महसूस तो होता ही है। लेकिन उस रात ज्योति को लगा कि उसके पिता ने उसकी माँ की जगह ले ली थी। उसकी आँखों में आँसू छलछलाने लगे थे।

पिता ने भी मासूम बेटे को अपनी बाँहों में भर लिया। बेटे को जैसे असीम प्यार मिला। कुछ समय तक उन्होंने बेटे को गोद में थामे रखा। तभी ज्योति के भीतर से सवाल-दर-सवाल उभरे—

'क्यों पिताजी, उन्होंने ऐसा क्यों किया?'

पिता अभी जवाब देना ही चाहते थे कि फिर सवाल उभरा—

'बताओ न पिताजी। हम दोनों दोस्त हैं। मिशन स्कूल में साथ-साथ पढ़ते हैं फिर भी...।'

'बेटे,' पिता इतना ही कह सके।

ज्योति ने कहा—

'मेरे दोस्त ने मुझे अपने हाथों से निमंत्रण पत्र दिया था। मुझे बुलाया था, दूसरों की तरह। मैं भी तो बराती बनकर गया था। मेरा मन भी तो खुश था। फिर मेरी खुशियों को क्यों तोड़ दिया गया?'

कहते-कहते एक बार फिर ज्योति को रुलाई आ गई। आँखों से आँसू झरने लगे। मन तो पिता का भी व्यथित था। उनकी भी आँखों में आँसू आने लगे थे। मुश्किल से उन्होंने आँसुओं को रोका और बेटे को निहारते रहे।

थोड़ी देर तक ज्योति सिसकता रहा। उसके भीतर का तूफान जैसे धीरे-धीरे शान्त हो रहा था। पर पिता का मन कहाँ शान्त था। तूफान तो उनके भीतर भी घुमड़ रहा था। वे क्या बोलते। ज्योति ने एक बार फिर कहा—

'पर यह सही नहीं हुआ पिताजी।'

'हाँ बेटे, यह सही नहीं है। पर हम कर ही क्या सकते हैं?'

थोड़ी देर पिता और बेटे के बीच मौन रहा।

अनायास वे बोले, 'बेटा, यह गनीमत समझ कि उन लोगों ने तुम्हें डाँटकर ही छोड़ दिया। हम जाति से शूद्र हैं। उनकी बराबरी कैसे कर सकते हैं? यदि यही

गलती तुमने पेशवाओं के राज में कर दी होती तो जानते हो तुम्हें क्या सजा मिलती?'

'क्या सजा मिलती पिताजी?'

'सजा-ए-मौत।'

बेटे ने दोहराया—

'सजा-ए-मौत।'

पिता ने भी कहा—

'हाँ-हाँ, सजा-ए-मौत।'

'लेकिन क्यों?'

'यही विधान था उस समय का।'

उसके बाद दोनों चुप हो गए।

पिता को तो पहले से ही अहसास था, बेटे को भी अब जातिवादियों के भीतर से उभरते जहर का अहसास होने लगा था। रात जितनी गहरी होती जा रही थी, उतनी ही गहराई तक जातिगत भेदभाव के सवाल ज्योति के भीतर उभर रहे थे।

सामाजिक गुलामी की भयावहता का अहसास उसे हो चुका था। उसी दिन से उसने निश्चय किया कि वह गुलामी की मुक्ति के लिए लड़ेगा। कठोर अनुभवों ने मासूमियत को पीछे धकेल दिया था और ज्योति के अन्दर एक दृढ़ संकल्प आकार ले चुका था, जो जल्द ही एक क्रान्ति शुरू करनेवाला था। ज्योतिराव के लिए अज्ञान का मतलब था अन्धकार और ज्ञान का मतलब था प्रकाश। उन्होंने सोचा कि शिक्षा के माध्यम से ही शूद्र-अतिशूद्र, बहुजन समाज के लोगों का अज्ञान दूर होगा तथा वे अपना उत्थान और उत्कर्ष कर सकेंगे। इन विचारों से प्रेरित होकर उन्होंने शूद्र-अतिशूद्र के लिए पाठशाला शुरू करने की सोची और अपनी पत्नी सावित्रीबाई तथा अन्य साथियों से इस बारे में विचार-विमर्श किया।

जब ज्योतिराव के मन में इस प्रकार के विचार उभर रहे थे, तभी उनके मित्र सदाशिव बल्ला गोवंडे से उनकी भेंट हुई। वे उस समय अहमदनगर में न्यायाधीश के कार्यालय में नौकरी कर रहे थे। उन्होंने उन्हें अहमदनगर आने का निमंत्रण दिया। जब ज्योतिराव अपने मित्र के पास अहमदनगर गए, तब वहाँ उन्होंने अमेरिकन मिशन द्वारा संचालित कन्याशाला को देखा। यह स्कूल कुमारी फरार नाम की एक मिशनरी महिला चलाती थी। जिस प्रकार उस पाठशाला में लड़कियों को शिक्षा दी जाती थी, उसे देखकर ज्योतिराव बहुत प्रसन्न हुए और प्रभावित भी हुए कि कुछ विदेशी लोग हमारे देश-बान्धवों के उत्थान के लिए लगन से कार्य कर रहे

हैं। उन्होंने वापस लौटकर, पूना में भी लड़कियों के लिए ऐसी पाठशाला स्थापित करने का निर्णय लिया। इसके बाद शूद्र-अतिशूद्र लड़कियों के लिए प्रथम पाठशाला की स्थापना अछूत बस्ती में 15 मई, 1848 को हुई। ज्योतिराव ने वह क्रान्तिकारी कार्य कर दिखाया जिसकी वर्षों और दशकों से नहीं बल्कि सदियों से इन्तजार था। पूना के भिड़ेवाड़ा, बुधवार पेठ में खुली इस पाठशाला में छह छात्राओं ने दाखिला लिया। जिनकी आयु चार से छह वर्ष के बीच थी। इनके नाम अन्नपूर्णा जोशी, सुमती मोकाशी, दुर्गा देशमुख, माधवी थत्ते, सोनू पवार और जानी करडिले थे। इन छह छात्राओं की कक्षा के बाद, सावित्री घर-घर जाकर लोगों से बच्चियों को पढ़ाने का आह्वान करने लगीं।

अकेले ज्योतिराव के लिए सभी छात्रों को पढ़ाना मुश्किल हो गया। वे किसी सहयोगी की तलाश कर रहे थे, लेकिन जो भी अध्यापक पढ़ाने को तैयार होता, उसको कट्टरपंथी डरा-धमका देते। वह अपने घर पर बैठ जाता। कई-कई दिनों तक तो ब्राह्मणों के खौफ के कारण घर से बाहर भी नहीं निकलता। ऐसी स्थिति में ज्योतिराव का परेशान होना लाजिमी था। दुख की बात तो यह भी थी कि जिस बहुजन समाज में वे शिक्षा का दीपक जलाना चाहते थे, वे स्वयं भी विवश और लाचार थे। उनके भीतर ब्राह्मणों ने यह बात पुख्ता कर दी थी कि अज्ञानी और अशिक्षित रहना उनकी किस्मत में लिखा हुआ था। और किस्मत को बदलने की जद्दोजहद उनमें नहीं थी। यह सब सोच-विचार करते हुए उन्हें अपनी पत्नी का ध्यान आया। उन्होंने सोचा, क्यों न उन्हीं से बात की जाए। सावित्रीबाई की ओर से समर्थन मिलने पर जैसे उनकी इस समस्या का हल मिल गया। ज्योतिराव अपनी पत्नी को फिर से दिन-रात पढ़ाने लगे।

कैसे होंगे भला वे दिन? कैसा होगा वह समय? जिसे कथित ब्राह्मण विद्वानों और मनीषियों ने 'कलियुग' का नाम दे दिया था। जब अच्छे कार्य करने में भी डर लगता था। कैसा था समाज और कैसी थी परम्परा? धर्मशास्त्रों में शिक्षा दान सबसे उत्तम दान कहा गया है। पर केवल बाह्मण के द्वारा शिक्षा दान। वह भी सिर्फ ब्रह्मा के मुख से पैदा होनेवालों के लिए। अन्य किसी भी जाति के लिए नहीं।

पढ़ना तो जैसे-तैसे हो जाता था, कोई महिला चोरी-छुपे पढ़ती थी अपने ही घर में। कोई घर से बाहर डरते-डरते पढ़ने को विवश थी। लेकिन पढ़ाना बहुत ही दुष्कर था। यही मनु का नियम था और कानून भी। न स्वयं पढ़ो और न किसी को

पढ़ाओ। जो हमने कह दिया बस उसका आँख मीचकर पालन करो। फिर ज्योतिराव का परिवार भी तो उसी समाज का हिस्सा था। इसके बावजूद उन्होंने कोशिश की। उनके बीच हिम्मत जुटाई। शूद्र पढ़ भी सकता था और पढ़ा भी सकता था। जो नियम, प्रथाएँ, परम्पराएँ शूद्रों के खिलाफ थीं, उनसे अलग उन्होंने सभी के हित में सभी को शिक्षा लेने का आह्वान किया। कितना उदार मन था उनका। राष्ट्रपिता की भावना तो यही होती है। जैसी ज्योतिराव फुले की थी।

ज्योतिराव के निरन्तर प्रयासों से महिलाएँ पहले पढ़ने योग्य हो गईं। फिर सहर्ष छात्राओं को पढ़ाने लगीं। इससे ज्योतिराव का बोझ कम हो गया। सावित्रीबाई के शिक्षिका बनने की खबर चारों ओर फैल गई। यह सब देख और महसूस कर ज्योति को अच्छा लगता था, पर कुछ को बुरा। धर्म के ठेकेदारों के बीच हड़कम्प मच गया। एक हिन्दू महिला का शिक्षिका बनना उनकी दृष्टि में समाज एवं धर्म के प्रति विद्रोह था। फिर सावित्रीबाई तो शूद्र महिला थीं। महिलाओं में भी समाज के निचले पायदान पर खड़ी हुई।

भला कट्टरपंथी लोग यह कैसे सहन करते कि कोई शूद्र महिला अपने हाथों में किताब ले। और शिक्षा देने का कार्य भी करने लगे। वे सावित्रीबाई फुले को तरह-तरह से प्रताड़ित करने लगे। उन पर तथा उनके परिवार वालों पर व्यंग्य करते। इससे आगे बढ़कर वे गालियाँ देते। अश्लील इशारे करते। वाक्‌प्रहारों से जब उन पर कोई असर नहीं हुआ तो कट्टरपन्थियों ने असामाजिक तत्त्वों का सहारा लिया। पूना में तो ऐसे लोगों की कमी नहीं थी। छँटे हुए बदमाश शहर में मौजूद थे। उन्हें खुली छूट थी। वे चाहे जो करें। वे सावित्रीबाई पर मिट्टी-धूल और पत्थर फेंकते। उनका रास्ता रोका जाता, लेकिन वे भी अपने पति की तरह दृढ़ निश्चयी, निडर और हिम्मत वाली औरत थीं।

स्त्री के लिए शिक्षा-प्राप्ति समाज की दृष्टि में व्यभिचार जैसा ही समझा जाता था। लड़की के शिक्षा प्राप्त करने पर उसे अकाल वैधव्य आता है ऐसी झूठी मान्यता भी समाज में घर कर चुकी थी। स्त्री का पैरों में चप्पल आदि पहनना भी अपवित्र समझा जाता था। बुजुर्गों के सामने पत्नी का अपने पति से बात करना भी अमान्य था। यूरोप में जब महिलाओं के लिए प्रगति के दरवाजे खुलने लगे थे तब देश में धर्माधिकारियों द्वारा स्त्री को स्वतंत्र नहीं, परतंत्र बनाने की कोशिशें लगातार होती रही थीं। धार्मिक ग्रंथों में दर्ज नियमावलियों के खिलाफ चलने पर सर्वस्व विनाश होगा। ऐसे महिला-विरोधी स्वर मठों और आश्रमों से उभरते थे। स्त्री तो दोषों और

अज्ञान की खान समझी जाती थी। उसको शिक्षा देना बन्दर के हाथ में जलती मशाल देने जैसा माना जाता था। यानी पुरुष सर्वगुण सम्पन्न और स्त्री अज्ञान की खान थी। स्त्री के बारे में जितना बुरा कहा जाए और जितना बुरा सुना जाए, उतना ही कम था। न कहनेवाला थकता था और न सुननेवाला हारता था। स्त्री सम्बन्धी किंवदन्तियों के साथ किस्से-कहानियों की भी तो कमी नहीं थी।

ब्राह्मणों और पुरोहितों की बहुजन विरोधी मान्यताओं का जाल घरों के भीतर भी था और बाहर भी। धर्म की आड़ में कथाओं की कमी थी। एक ओर शंकराचार्य तो दूसरी तरफ कथावाचक। समाज में अन्धविश्वास और पाखंड फैलाने में जैसे उनके बीच प्रतिस्पर्धा थी। ज्योतिराव के परिवार में भी असमंजस था। उनके पिता ने भी एतराज किया।

इस पर ज्योतिराव ने धीरे से कहा, 'पिताजी, शिक्षा से ही हम मनुष्य बनते हैं। यदि एक आदमी पढ़ता है तो एक घर का कल्याण होता है और यदि एक स्त्री शिक्षित होती है तो दो घरों में ज्ञान का उजियारा होता है। इतिहास गवाह है, हमने सदियों से महिलाओं को अशिक्षित रखकर उनके साथ अन्याय किया है। शूद्रों को भी शिक्षा का अधिकार न देना ब्राह्मणवादी व्यवस्था की चाल है। इसलिए मैं आगे की पीढ़ियों की चिन्ता करते हुए समाज हित में कार्य कर रहा हूँ।'

गोविन्दराव ने कहा, 'बेटा, मैं ज्यादा बातें नहीं समझता हूँ। आज शहर के गण्यमान्य लोग आए थे। वे चेतावनी देकर गए हैं कि या तो ज्योतिराव का स्कूल बन्द करवाओ या फिर उसको घर से निकाल दो। और यदि मैं ऐसा कुछ करने में असमर्थ रहता हूँ तो हमें ही समाज द्वारा बाहर कर दिया जाएगा। हमारा हुक्का पानी बन्द कर दिया जाएगा। देखो, इस घर में तुम्हारा भाई राजाराम और उसके बच्चे भी रह रहे हैं। उनसे किसी को परेशानी नहीं है।'

ज्योतिबा ने जवाब दिया, 'पिताजी, मेरा भाई आँख, कान और मुँह बन्द कर घर और समाज में रह रहा है। जैसा चल रहा है वैसा सब कुछ चुपचाप उसने स्वीकार कर लिया है। हिन्दू धर्म के सभी अच्छे-बुरे रीति-रिवाजों को मानता है। फिर उससे किसी को क्या परेशानी हो सकती है?' इसके बाद उनके बीच चुप्पी हो गई। तभी ज्योतिराव के भीतर सवाल उभरा। स्कूल बन्द होना स्वयं उनकी साँस बन्द होने जैसा था। वे किसी भी स्थिति में शुरू किए गए स्कूल को बन्द नहीं कर सकते थे। इससे उन बच्चों को परेशानी होती जिनके हाथ में अभी कलम आई थी।

अनायास उनकी विचार तंद्रा टूटी।

'बेटे, ये बड़ी-बड़ी बातें ऊँची जाति के लोगों के लिए हैं। इसलिए ठीक यही होगा कि तुम अपना स्कूल बन्द कर दो।'

'पिताजी आप यह कह रहे हैं?'

'मैं मजबूर हूँ।'

इस बार हिम्मत कर बेटे ने कहा—

'पर मैं मजबूर नहीं हूँ।'

गैर-ब्राह्मण जातियों के लोगों पर अपना प्रभुत्व कैसे कायम रहे, इस चाल को ब्राह्मण अच्छी तरह से जानते थे। इतना कौशल उनके पास था। साथ में चतुराई भी। उन्होंने ज्योति के पिता गोविन्दराव पर सामाजिक दबाव डाला। गोविन्दराव से ब्राह्मणों ने कहा, तुम्हारा पुत्र और पुत्रवधू दोनों समाज और धर्म के नाम पर कलंक हैं। स्कूल जाने से तुम्हारी बहू चरित्रहीन बन जाएगी। उन्होंने गोविन्दराव को डराया। पास-पड़ोसियों और अन्य जाति-बान्धवों को भी सावित्रीबाई का स्कूल जाना पसन्द नहीं आ रहा था। उन्होंने भी गोविन्दराव से सावित्रीबाई को स्कूल जाने से मना करने के लिए कहा। तब सामाजिक दबाव में आकर गोविन्दराव ने अपनी पुत्रवधू को स्कूल न जाने का आदेश दे दिया।

ज्योतिराव ने पिता को समझाने के प्रयास किए। परन्तु गोविन्दराव नहीं माने। वे धार्मिक परम्परा तथा प्रथाओं का पालन करनेवाले एक साधारण व्यक्ति थे। समाज से बहिष्कृत होने का उन्हें सबसे बड़ा डर था। इसलिए गोविन्दराव ने अन्त में अपने पुत्र से सावित्रीबाई को स्कूल न भेजने की अथवा घर छोड़ने की सख्त ताकीद की। सावित्रीबाई के सामने संकट खड़ा हो गया। एक ओर पिता समान ससुर, घर-परिवार और दूसरी ओर पति और उनका सत्य तथा न्याय का मार्ग। सावित्रीबाई ने, समाज को सामाजिक विषमताओं से मुक्त करानेवाले अपने पति की अनुगामिनी बनकर रहना ही उचित समझा।

जो मनुष्य अपने जीवन-लक्ष्य के प्रति संकल्पित होते हैं, अपने लक्ष्य को प्राप्त करने के लिए सम्पूर्ण जीवन समर्पित कर देते हैं। वे समाज के प्रतिरोधों-विरोधों की परवाह न करते हुए अपने उद्देश्य को पूरा करने में लगे रहते हैं। कोई भी घटना या दुर्घटना उन्हें उनके मार्ग से विचलित नहीं कर सकती। ज्योतिराव का जीवन भी इन्हीं विचारों की प्रतिकृति बन चुका था।

ज्योतिराव और सावित्रीबाई स्त्री-शिक्षा और दलित-शिक्षा हेतु समर्पित थे। उनके भीतर शील था। वे सारी दुनिया के खिलाफ विद्रोह कर सकते थे, लेकिन न ज्योति ने पिता के विरुद्ध कुछ कहा और न ही सावित्रीबाई ने श्वसुर के खिलाफ कोई प्रतिक्रिया व्यक्त की। दोनों ने ही घर के बुजुर्गों का सम्मान करना सीखा था। पति-पत्नी ने चुपचाप गोविन्दराव के चरण छुए और घर से बाहर हो लिये। ज्योति अपने घर-परिवार और पैतृक सम्पत्ति से बिछड़ गए। वह घर जिसमें जन्म लिया, इससे अलग हो गए। कितनी उद्वेलित हुई होंगी उनकी भावनाएँ वह घर छोड़ते हुए, जहाँ उनका बचपन बीता था। तथागत ने भी तो घर छोड़ा था। त्यागने के बाद ही उन्हें बुद्धत्व प्राप्त हुआ था। पिता ने बेटे और बहू को घर छोड़ते हुए देखा, पर कुछ न कहा। कट्टरपंथियों की चाल सफल हो गई थी।

ज्योतिराव को उनके पिता ने वह सब करने के लिए उनके हाल पर छोड़ दिया था जो वह उचित समझते थे। उन्होंने ने पूना के गंज पेठ में एक मकान लिया और वहाँ रहने लगे। यह मकान उस्मान शेख का था जो ज्योतिराव के घनिष्ठ मित्र थे। वे पुरोगामी विचारों के थे। उनकी बहन फातिमा शेख ने भी मदद की। ज्योतिबा ने केवल शरीर पर जो वस्त्र पहन रखे थे, उसी अवस्था में पिता का घर छोड़ा था। उस्मान शेख ने, घर-गृहस्थी में लगनेवाली सभी वस्तुएँ बर्तन-बासन सहित उन्हें दी।

रोजी-रोटी की समस्या खड़ी हो गई। काम-धन्धे की खोज में कुछ दिनों के लिए स्कूल का काम छोड़ना पड़ा। कुछ लोग सहयोग के लिए आगे आए। उस दौरान मुंशी गफ्फार बेग ने ज्योतिराव की काफी मदद की। उनकी बेटी फातिमा भी पीछे नहीं रही, उनको आत्मिक बल प्रदान किया और आगे चलकर ज्योतिराव की पाठशाला में सहायक बनी।

ज्योतिराव के मित्र सदाशिव बल्लाल गोवंडे को अहमदनगर में जब यह खबर लगी कि ज्योतिराव का स्कूल बन्द हो गया है, वे घर से बाहर कर दिए गए हैं... उनके सामने कई समस्याएँ आ खड़ी हुई हैं तो उन्होंने अपनी पत्नी से परामर्श किया और ज्योतिराव को अपने पास अहमदनगर बुला लिया। कुछ दिन वहाँ रहकर वे पूना लौट आए। गोवंडे ने जूनागंज पेठ में ज्योतिराव स्कूल की जगह का प्रबन्ध कर दिया था।

व्यक्ति अगर प्रण कर ले कि उसे कुछ करना है तो बड़ी से बड़ी ताकत भी उसके इरादों को पूरा होने में बाधा नहीं बनती। ज्योतिराव का स्कूल पुनः खुल गया। सावित्रीबाई भी उनके साथ मिलकर बच्चों को पढ़ाने लगी। दलितों में चेतना

का अंकुरण हो रहा था। गुरुजी, लहूजी, बुआ मांग और राणवा महार उनको अपना पूरा-पूरा समर्थन दे रहे थे। उनके सहयोग से स्कूल में छात्र-छात्राओं की संख्या काफी बढ़ गई। वही दलित समाज के लोग जो मूक थे, अब सपने देखने लगे। सामाजिक न्याय की कल्पना उनके भीतर घर कर चुकी थी और दासता की बेड़ियों पर प्रहार करने लगी थी।

स्कूल में पढ़नेवाली सभी लड़कियाँ हैं, छह से आठ साल के बीच की हैं। सावित्रीबाई उनकी हाजिरी लेती थीं—

"सुमती मोकाशी।"

"जी...।"

"दुर्गा देशमुख।"

"उपस्थित मैडम।"

"सोनू पवार।"

"जी...।"

एक दिन ऐसे ही हाजिरी चल रही थी, तभी दो-तीन व्यक्ति आए, जिन्होंने स्कूल में सावित्रीबाई की मदद की थी। बस्ती के कुछ और लोग भी वहाँ इकट्ठा हो गए। सभी ने सावित्रीबाई की प्रशंसा की।

इस तरह तथागत बुद्ध का ऐतिहासिक सन्देश ज़न-जन के बीच पहुँचने लगा। दीप से दीप जलने की मानवीय परम्परा आगे बढ़ी। कम उम्र में ही ज्योतिराव की कीर्ति सारे महाराष्ट्र में फैलने लगी।

"जब तक यह संसार रहेगा ज्ञान का दीप जलता रहेगा।"

इसके आगे स्वयं ज्योतिराव ने जोड़ा। जब महिलाओं को शिक्षा का प्रकाश मिलेगा, वह अपने अधिकार स्वयं ही ले लेगी। चाहे लड़कर ले, चाहे मरकर, फिर कोई भी पुरुष अपनी पत्नी को शिक्षा के अधिकार से वंचित नहीं कर सकेगा। ऐसे समय सावित्रीबाई में भी आत्मविश्वास आ गया था। वह लोगों के दरवाजों पर दस्तक देकर कहती। जब तुम्हें थोड़ी सी भी बुद्धि आ जाए तो मेरी पाठशाला में अपनी पत्नी को पढ़ने के लिए भेज देना।

दो दिन बाद सावित्रीबाई दूसरे घर गई और बोली, "लक्ष्मी चलो स्कूल, वरना देर हो जाएगी।"

यह सुनकर अन्दर से पचास वर्षीय एक पुरुष आए, जो लक्ष्मी के पिता थे। वे बोले,

"आज से लक्ष्मी स्कूल नहीं जाएगी।"

"स्कूल नहीं जाएगी, पर क्यों ?"

"मुझे अपनी बेटी के हाथ पीले करने हैं।"

"यानी ब्याह करना है।"

"जी हाँ।"

"पर पढ़ाई से उसके ब्याह में क्या रुकावट आ सकती है?"

"मैं तो इस निर्णय पर पहुँचा हूँ कि तुम्हारे जैसी महिला के साथ रहने तथा पढ़ने से उसके जीवन में रुकावटें ही रुकावटें आएँगी।"

"कैसी हूँ मैं ?"

उत्तर दिए बिना ही लक्ष्मी के पिता ने दरवाजे बन्द कर लिए। बन्द दरवाजे के सामने खड़ी हो सावित्रीबाई ने स्वयं से कहा, "कैसी हूँ मैं, क्या समाज में परिवर्तन लाना ठीक नहीं, क्या महिलाओं को पढ़ने का कोई भी अधिकार नहीं, आखिर कब तक ये अबलाएँ यों ही पुरुष समाज के अत्याचारों के आगे गूँगे-बहरे जानवरों के जैसी बनकर खड़ी रहेगी?"

दिन में जो घटनाएँ और दुर्घटनाएँ होतीं, रात के समय ज्योतिराव तथा सावित्रीबाई दोनों उनके बारे में बात करते।

"तुम्हें उनकी शक्ति बनना है। उन्हें आवाज देना है जो आज बोल नहीं सकते। उन्हें बोलना सिखाना है। अपने अधिकारों के लिए लड़ना सिखाना है। तुम्हें लाखों बेजुबान महिलाओं के लिए क्रान्ति-ज्योति बनना है। उनके अँधेरे जीवन को ज्ञान के प्रकाश से प्रकाशित करना है।"

ज्योतिराव तथा सावित्रीबाई ने मिलकर एक नया स्कूल खोला।

निम्न वर्ग को शिक्षित करने या उनका विकास करने के लिए कोई अन्य गतिविधि शुरू करने में कोई विशेष रुचि नहीं ले रहा था। फिर भी उस वर्ग के कुछ बच्चों ने उस समय पढ़ने की कोशिश की, उनके पिता आगे आए। उन्होंने ज्योतिराव के उद्देश्य को समझा लेकिन साथ ही ब्राह्मणों ने अत्यन्त निर्दयतापूर्वक बर्ताव करके उन पर अत्याचार किए।

ज्योतिराव ने रेवरेंड मिचेल की पाठशाला में कुछ बच्चों को भेजा था। एक बार उन्होंने अस्पृश्य जाति का एक लड़का मिचेल के पास भेजा। उसकी देशी पढ़ाई अंग्रेजी प्राथमिक कक्षा में डालने योग्य हो चुकी थी। उसे पाठशाला में प्रवेश देते ही

ब्राह्मण विद्यार्थियों का एक प्रतिनिधिमंडल मिचेल के पास पहुँचा, उन विद्यार्थियों की काली-काली आँखें दमक रही थीं और उनके बर्ताव से उनके दिल की बात स्पष्ट हो रही थी। उन्होंने कहा, "आपकी पाठशाला में अस्पृश्य विद्यार्थी हैं, इस कारण हम यह पाठशाला छोड़ रहे हैं।"

मिचेल कहा, "मैं समझता हूँ, केवल एक ही विद्यार्थी है।"

"एक हो या दस, एक ही बात है।"

"तो क्या मैं उस विद्यार्थी को निकाल दूँ?"

"यह हमसे क्यों पूछ रहे हैं? हम सिर्फ यह कहने आए हैं कि वह यहाँ रहा तो हम चले जाएँगे।"

"यदि तुम लोगों की इच्छा न हो तो तुम उसे स्पर्श न करना, तुम कक्षा के होनहार विद्यार्थी हो, तुम्हारा क्रमांक हमेशा ही ऊपर रहेगा।"

"यह तो सच बात है किन्तु चटाई तो जमीन पर ही बिछी होती है, उससे हम अपवित्र होते हैं, अब हम सभी अपवित्र हो गए हैं, अब घर जाकर भोजन करने से पहले हमें स्नान करके पवित्र होना पड़ेगा।"

"क्या तुम चाहते हो कि मैं यह चटाई हटा दूँ?"

"हम कक्षा में ही न होते, तो अच्छा होता।" ब्राह्मण विद्यार्थियों ने अपना मनतव्य स्पष्ट कहा। मिचेल असमंजस की स्थिति में थे, पर अपने निर्णय पर कायम रहे।

"ठीक है, चाहे जो कुछ भी हो, मैं उस विद्यार्थी को कक्षा से नहीं निकालूँगा।"

एक ओर ब्राह्मण विद्यार्थियों को कक्षा से निकाल देने की उनकी इच्छा न थी, तो दूसरी ओर उन्हीं की विवेकबुद्धि के अनुसार वे उस अस्पृश्य विद्यार्थी को भी पाठशाला से नहीं निकाल सकते थे। मिचेल ने कहा, "कल तक ठहर जाओ। कल कक्षा नए सिरे से व्यवस्थित करेंगे, यों भी तुम लोग अगली कक्षा में उत्तीर्ण होकर जाओगे।" हाँ-ना करते हुए ब्राह्मण विद्यार्थी मुँह लटकाए चले गए। लेकिन अस्पृश्य विद्यार्थी पाठशाला में फिर लौटकर न आया। पाठशाला के दूसरे विद्यार्थियों और अध्यापकों ने चुप्पी साधे रखी।

ब्राह्मण जाति कितनी खतरनाक और अमानुष है। कक्षा के ईसाई अध्यापक से ब्राह्मण विद्यार्थी अपवित्र नहीं होते थे। अपने मामूली-से यथार्थ के लिए वे अपने धर्म-नियमों, रीति-रिवाजों और तथ्यों को ताक पर रखने को तैयार थे।

इन घटनाओं और दुर्घटनाओं के साथ समय बीतता रहा। सावित्रीबाई ऐसे झंझावातों के बीच, घर और बाहर के बीच जूझती रहीं। समाज में चल रही, पल

रही धार्मिक निर्ममता को झेलती रहीं। इन सबके बीच कुछ लिखना शुरू किया। अपने अनुभवों को वे कागजों पर उतारने लगी।

सावित्रीबाई के भीतर तो बहुत पहले से ही कवयित्री का प्रवेश हो गया था। सामाजिक और धार्मिक विषमताओं को झेलते-झेलते ही तो वे जवान हुई थी। बचपन की घटनाएँ अभी भी याद थीं। बच्चों का साथ मिला तो वह सब जीवन्त चित्र बन गए। उन्होंने बच्चों के विद्यालय में आने को बनाए रखने के लिए उनके लिए बहुत ही सुन्दर बालगीत लिखे। वे खेल-खेल में गाते-गाते, बच्चों को साफ-सुथरा रहने, विद्यालय आकर पढ़ाई करने व पढ़ाई के महत्त्व से परिचित कराना चाहती थीं। बच्चों के विद्यालय आने पर वे इस तरह उनका स्वागत करतीं—

सुनहरे दिन का उदय हुआ
आओ प्यारे बच्चों,
आज हर्ष-उल्लास
तुम्हारा स्वागत करती हूँ।

ज्योतिराव के सान्निध्य में रहते हुए उन्होंने शिक्षा के महत्त्व को समझा था और अब वे पढ़ाई के लिए सबको प्रेरित करना चाहती थीं। उन्होंने विद्या को श्रेष्ठ धन बताते हुए एक गीत लिखा—

विद्या ही सच्चा धन है
सभी धन-दौलत से बढ़कर
जिसके पास है ज्ञान का भंडार
है वह सच्चा ज्ञानी लोगों की नजरों में।

अपने बालगीतों से उन्होंने बच्चों को समय का सदुपयोग करने की प्रेरणा दी। एक दिन दोपहर में वे ऐसे ही कुछ गुनगुना रही थीं। वह छुट्टी का दिन था। उनके एक हाथ में कलम थी तथा दूसरे में कागज। ज्योतिराव ने उन्हें पीछे से देखा। उन्होंने अन्दाजा लगाया—शायद सावित्री कुछ लिख रही है। कई बार उन्होंने उन्हें कागज रँगते हुए देखा था। कुछ अक्षर पढ़े भी थे। उनके होंठों से कुछ शब्द बाहर आकर लयमय होते हुए सुने भी थे। ऐसे समय चुप होकर वे सुनते थे। उन्हें अच्छा लगता था। आज भी नजदीक जाकर उन्होंने पढ़ा—

करना है जो काम आज
उसे करो तुम तत्काल
जो करना है दोपहर में
उसे कर लो तुम अभी
पल भर के बाद का काम
पूरा कर लो इसी वक्त
काम पूरा हुआ कि नहीं?
न कभी भी पूछती मृत्यु कारण?

सावित्री अनायास पीछे से आवाज सुनकर सावित्रीबाई तो चौंक उठीं। पीछे घूमकर देखा। ज्योतिराव खड़े थे। उनके मुँह से सहसा निकला—

'आप।'

ज्योतिराव बोले—

'तुम तो बहुत अच्छा लिखती हो।'

सावित्रीबाई ने पूछा—

'आप कब से मेरे पीछे खड़े हैं?'

'जब से आप गुनगुनाते हुए सुन्दर कविता लिख रही थीं।'

इस बार जैसे शरमाते हुए बोली साबित्रीबाई—

'मैं कहाँ भला सुन्दर कविता लिख सकती हूँ?'

'सावित्री अगर किसी का मन सुन्दर हो तो वह सुन्दर कविता भी लिख सकता है। फिर आप तो वैसे भी सुन्दर हो।'

सुनकर सावित्री ने कुछ न कहा। वे मौन हो गईं। जैसे उषा की लाली चेहरे पर आ गई थी। अब वे क्या कहतीं भला।

उनका पढ़ाने का तरीका बड़ा ही निराला था। वे बच्चों को न डाँटती थीं और न फटकारती थीं। बहुत जल्दी ही बच्चों की हमजोली बन जाती थीं। और उन्हें वैसे ही भाव से पढ़ाते-पढ़ाते कोई गीत गुनगुनाने लगती थीं। या कहा जाए तो उनके होंठों पर स्वयं ही गीत थिरकने लगता था।

वे कभी-कभी ऐसे बालगीत भी रचतीं जिसमें दो समूहों का संवाद होता था। मसलन, पाठशाला जाकर पढ़नेवाली शिक्षित बच्चियाँ पाठशाला न जानेवाली अशिक्षित

बच्चियों को पाठशाला आकर पढ़ने के लिए कहतीं तो निरक्षर बच्चियाँ जवाब देतीं—

अरे, क्या धरा है पाठशाला में
क्या हमारा सिर फिर गया है?
चलो चलो, जाकर खेलें।

फिर उन्हीं में से कुछ बच्चियाँ कहतीं—

रुको जरा, जाकर माँ से पूछते हैं
खेल-कूद, घर काम या पाठशाला?
उसकी सलाह लेते हैं।

सभी अशिक्षित बच्चियाँ अपनी-अपनी माँ के पास पहुँचकर उन्हें पढ़ाई के महत्त्व के बारे में और इस बारे में समाज में उभरे सारे वाद-विवाद के बारे में बतातीं। माएँ भी शिक्षा का महत्त्व समझातीं और अपनी बच्चियों से कहतीं—

स्वाभिमान से जीने के लिए
पढ़ाई करो पाठशाला की
इनसानों का सच्चा गहना शिक्षा है
चलो, पाठशाला चलो।

पहला काम पढ़ाई, फिर वक्त मिले तो खेल-कूद
पढ़ाई से फुर्सत मिले तभी करो घर की साफ-सफाई
चलो, अब पाठशाला जाओ।

गीत के अन्त में शिक्षा का महत्त्व समझ चुकीं बच्चियाँ पढ़ने के लिए उत्सुक होते हुए ऐलान करतीं—

चलो, चलें पाठशाला हमें है पढ़ना, नहीं अब वक्त गँवाना
ज्ञान-विद्या प्राप्त करें, चलो हम संकल्प करें
अज्ञानता और गरीबी की गुलामगिरी चलो तोड़ डालें
सदियों का लाचारी भरा जीवन, चलो फेंक दें।

सावित्री के ऐसे बालगीत पाठशाला में किसी नाटक की प्रस्तुति के समान साकार हो उठते, जब सभी बच्चे उनका भावपूर्ण पाठ करते। इस तरह सीख भी मिलती

और मनोरंजन भी होता। और समाज में सन्देश का प्रसार भी हो रहा था—शिक्षा की आवश्यकता को स्पष्ट करनेवाले सन्देश का।

ज्योतिराव का स्कूल चलने लगा था। कट्टरवादी लोगों में फिर तहलका मच गया। उन्होंने दलितों में किसी न किसी तरह से फूट डालने की कोशिशें कीं मगर वे सफल नहीं हो सके। गोवंडे स्कूल खर्च हेतु प्रतिमाह दो रुपये भेज रहे थे फिर भी स्कूल में आय से अधिक व्यय था। उसका मुख्य कारण यह था कि वे गरीब बच्चों को कलम, दवात, स्याही, तख्ती और किताबों के साथ कपड़े भी प्रदान किया करते थे। इन सब पर बहुत अधिक पैसा खर्च हो जाता था। जैसे-जैसे दिन बीत रहे थे, वैसे-वैसे स्कूल में नए बच्चे भी आने लगे थे। इसलिए अधिक पैसों की जरूरत पड़ने लगी थी। अत: ज्योतिराव ने कुछ काम करने पर विचार किया। जिससे उन्हें नियमित रूप से आर्थिक सहयोग मिलने लगे। इस बारे में उन्होंने सावित्रीबाई और अपने मित्र उस्मान शेख से भी बात की। सबने ज्योतिराव से सहमति जताई तो उन्होंने मकान, पुल, बाँध आदि कामों में लगनेवाली वस्तुओं की सप्लाई का काम शुरू किया। अब गाड़ी कुछ पटरी पर आ गई। गृहस्थी और स्कूल का खर्च जुटने लगा।

ज्योतिराव काम पर ध्यान दे रहे थे और बाकी समय समाज-सेवा में लगा रहे थे। इस दौरान उन्हें गरीब मजदूरों के शोषण का पता चला और वे उनकी स्थिति सुधारने हेतु कोशिश करने लगे।

पूना में ज्योतिराव का स्कूल चर्चित हो गया था। उसमें पढ़ने हेतु छात्र-छात्राओं में होड़ लग गई थी। दलितों में ज्योतिराव के प्रति गहरी आस्था थी। उन्हें वे अपना मसीहा मानने लगे। ज्योतिराव को अतिरिक्त अध्यापक की जरूरत थी। इस हेतु विष्णुपंत थत्ते नामक एक ब्राह्मण अध्यापक ने हिम्मत की और वे कमर कसकर पढ़ाने हेतु स्कूल में आए। लेकिन, कट्टरपंथी ब्राह्मणों को भला यह कब सहन होना था। उन्होंने उनका जीना मुश्किल कर दिया। बार-बार वे थत्ते पर ताने कसते, 'अरे, तुझे उसी के साथ पढ़ाना था। तूने तो अपना धर्म भी गँवाया और जाति भी।' थत्ते आखिर कब तक अपमान झेलते? शिक्षा देना अन्धकार में दीपक जलाने जैसा था। लेकिन पंडितों और पुरोहितों को कहाँ सहना था यह सब? अन्तत: थत्ते ने स्कूल आना बन्द कर दिया।

फुले दम्पती को संघर्ष करते हुए चाहे कितने भी अपमान क्यों न सहने पड़े, उन्होंने अन्त तक अपना सेवा भाव धर्म नहीं छोड़ा। एक स्कूल के बाद दूसरा, फिर तीसरा...

कुल अठारह स्कूल सावित्रीबाई ने अपने पति ज्योतिराव फुले, फातिमा शेख आदि के सहयोग से आरम्भ किए। उन्होंने महार बस्तियों में भी स्कूल चलाए। 1848 से 1852, इन पाँचेक साल के अन्तराल में, कट्टरवादियों का निरन्तर विरोध झेलते हुए अठारह पाठशालाएँ खोलना कोई साधारण बात नहीं थीं। आसपास के सभी क्षेत्रों में उनकी चर्चा बड़ी तेजी के साथ होने लगी। कुछ आलोचना करते तो कुछ प्रशंसा।

ब्राह्मणों को दान और दक्षिणा की बातें अतीत काल से सुनी जाती रही हैं। दान के लिए ब्राह्मण वर्ग ने खूब कशीदे पढ़े। दानवीरों के खूब गुणगान हुए हैं। ज्योतिराव ने अनुभव किया कि इससे राजकोष पर भारी बोझ पड़ता है, उसका दुरुपयोग होता है। दान-दक्षिणा पानेवाले लोग अपनी जीविका के लिए कोई काम नहीं करते हैं। इससे वे निकम्मे हो जाते हैं। ऐसे में निठल्ले लोग समाज में अज्ञान, अन्धविश्वास और पाखंड फैलाते हैं। जातिगत ऊँच-नीच पैदा करते हैं। यही सब समझकर ज्योतिराव ने सर्वप्रथम दक्षिणा कोष के दुरुपयोग के विरुद्ध संगठित आवाज उठाई।

दक्षिणा की प्रथा पेशवा के समय से शुरू हुई थी। श्रावण मास में दक्षिणा बाँटी जाती थी। दक्षिणा के लिए आए हुए ब्राह्मणों को उनके स्तर के अनुसार अनाज या धन दिया जाता था। पेशवा माधवराज मुख्यत: विद्या में प्रवीणता प्राप्त करनेवाले गरीब ब्राह्मणों को ही दक्षिणा दिया करते थे, लेकिन वह कैसी विद्या और कैसी प्रवीणता थी, जो मनुष्य को अस्पृश्य मानने जैसी अमानवीय मान्यता को प्रश्नांकित तक नहीं करती थी, वरन उसे उचित ठहराती थी? वास्तव में यह सब दिखावा मात्र था। किसकी हिम्मत थी कि ब्राह्मणों की प्रवीणता पर सवाल उठाए। लेकिन दूसरे बाजीराव के कार्यकाल में तो प्रणीवता की परीक्षा लेने के शिष्टाचार को ही खत्म कर दिया गया और कोई अंकुश नहीं रहा। महज एक वर्ष में दक्षिणा पानेवालों की संख्या बढ़कर साठ हजार हो गई और उन्हें दस लाख रुपये बाँटे गए। पेशवा राज्य के विलय के बाद ब्राह्मणों को बढ़ावा देने के उद्‌देश्य से अंग्रेजों ने भी यह दक्षिणा पद्धति जारी रखी थी। क्योंकि उन्हें पढ़े-लिखे ब्राह्मणों से अपना काम निकालना था और अपने साम्राज्य की मजबूती बनाए रखनी थी। पेशवाई साम्राज्य तो खत्म हो गया, पर पेशवाई राज्य में फल-फूल रहे पुरोहितों / पंडितों को वे कैसे नाराज करते। जब सरकारी धन के अपव्यय की चारों तरफ आलोचना होने लगी तो कुछ दिनों बाद एल्फिन्स्टन ने उसकी राशि घटाकर पचास हजार रुपये कर दी। आगे चलकर उस राशि में से बीस हजार रुपये हर वर्ष पूना की संस्कृत पाठशाला को दिए जाने लगे जो केवल ब्राह्मण छात्रों के लिए ही थी।

सरकार के पास दक्षिणा प्राप्त करनेवाले ब्राह्मणों की एक सूची थी, जिसमें सभी के नाम-पते अंकित थे। पेशवा बाजीराव के समय से ही यह परम्परा चली आ रही थी। सन् 1840 में अंग्रेजों ने इसकी जाँच कराई तो पाया कि सूची में बहुत-से नाम-पते फर्जी थे। अत: ईस्ट इंडिया कम्पनी की सरकार ने नियम बनाया कि मृत्यु उपरान्त या तीन वर्ष तक उपस्थित नहीं होने पर उनका नाम काट दिया जाए। सूची में फर्जी नाम जुड़वाकर लोग दक्षिणा कोष के संचालकों से मिलकर रुपया ऐंठ लिया करते थे। इस तरह से दक्षिणा कोष राजकीय सहायता और सम्मान का प्रतीक न होकर बेईमानी, भ्रष्टाचार और राजकोष की संगठित लूट का जरिया बना हुआ था। धर्म और परम्परा के नाम पर जो जितना लूट सकता था, वह लूट रहा था। सिर्फ अंग्रेजी दरबार में हाजिरी लगानी पड़ती थी और अंग्रेज अधिकारी को बार-बार मेरे हुजूर, हुजूर, माई-बाप, हमारे अन्नदाता कहना पड़ता था। कितना बेशर्म और झूठ से भरा कारोबार था। न लेनेवालों को शर्म आती थी और न देनेवालों को।

दक्षिणा कोष के दुरुपयोग से पूना के कई गणमान्य समाज सुधारक और गैर-ब्राह्मण विद्वान नाराज थे। वे इसके विरोध में अक्सर कानाफूसी करते रहते थे। पर सरकारी खजाने से दान-दक्षिणा पानेवाले पंडितों के भय के कारण वे खुलकर इसका विरोध नहीं कर पाते थे। दक्षिणा भोगी लोगों की दबंगई के सामने कौन बोले? दबंगों की ऊपर तक पहुँच थी। लेकिन ज्योतिराव ने राजकोष की लूट के खिलाफ आवाज उठाई। उन्होंने माँग की कि इसके अपव्यय को रोका जाए।

अन्ततः जून, 1849 में गोपालराव देशमुख ने ब्रिटिश सरकार को सुझाव दिया कि दक्षिणा देने की प्रचलित पद्धति बन्द कर दी जाए। देशमुख उस समय पूना के सरकारी एजेंट कार्यालय में मुख्य लिपिक थे। वे अपने कुछ मित्रों को यह समझाने में सफल हो गए कि सभी मिलकर सरकार को एक आवेदन भेजें और माँग करें कि दक्षिणा निधि में जो तीन हजार रुपये बचते हैं, उनमें से आधी राशि हर वर्ष मराठी पुस्तकों को पुरस्कार देने में खर्च की जाए। पुस्तकें चाहे मौलिक हों या अनुवादित। उनके परामर्श पर बापू मांडे ने आवेदन लिखा। दामोदर अत्रे ने उसकी प्रतिलिपि बनाई। अण्णा साहब चिपलूणकर, देशमुख, विष्णु मोरेश्वर रानडे, विष्णु भिड़े सहित कुल उनतालीस लोगों ने आवेदन पर हस्ताक्षर किए और उसे तत्कालीन बम्बई सरकार को भेज दिया। उक्त आवेदन पर बुधवारवाड़ा के राजकीय अंग्रेजी विद्यालय के शिक्षकों और परमहंस सभा के सदस्यों के हस्ताक्षर

भी लिये गए थे, जिससे कि सरकार जनमत के दबाव में आकर दक्षिणा कोष का समुचित उपयोग कर सके।

उक्त आवेदन की खबर पूना के कट्टरपंथियों को लगी तो वे आगबबूला हो गए। उन्होंने मुख्य सात आवेदकों को आदेश दिया कि वे उनके द्वारा नियुक्त पंचों के सामने उपस्थित होकर आचरण का स्पष्टीकरण दें। अन्यथा उन्हें समाज से बहिष्कृत कर दिया जाएगा। अजीब चरित्र था, दक्षिणा भोगियों का। अर्थ को धर्म से जोड़ लिया और धर्म को परम्पराओं से। और परम्पराओं को रखैल बना लिया था लंपट और भोगियों ने।

परिणाम यह हुआ कि सभी आवेदक बुरी तरह से डर गए। तुरता-फुरती में वे सहायतार्थ ज्योतिराव के पास गए। नगर में और ऐसा कोई प्रभावशाली व्यक्ति था ही नहीं जो सच और झूठ में भेद कर सके। कुछ ज्योतिराव के परिचित और सहयोगी थे। उन्होंने उनकी व्यथा सुनी और आश्वासन देते हुए कहा कि वे इस स्थिति को सँभाल लेंगे और सभी कट्टरपंथियों से निपट लेंगे। आप लोग निश्चिन्त रहें। आपका कोई बाल भी बाँका नहीं कर सकता। ज्योतिराव की बात का उन पर असर हुआ, उनके भीतर का भय भी कम हुआ।

ज्योतिराव ने सतर्कतापूर्वक इस षड्यंत्र से निबटने का विचार किया और अपने करीबी मित्र भवालकर को अपनी योजना समझाई। उन्होंने अगले दिन नीयत समय मौके पर पहुँचने का वादा किया था। अगले दिन ज्योतिराव ने महार और माँग मुहल्ले से लगभग दो सौ जवानों को एकत्रित किया। आधे जवान आगे थे और आधे पीछे। बीच में सभी आवेदक। काफिला सभा स्थल की ओर बढ़ चला, जहाँ कट्टरवादियों के पंच बैठे हुए थे। जब वे तुलसीबाग के सभा स्थल पर पहुँचे तो कट्टरपंथी नेता बंडू नाना ने कड़ककर पूछा, 'आवेदन किसने लिखा? उसका नाम बताओ?'

भवालकर ने कहा, 'ज्योतिराव फुले ने।'

बंडू नाना के आसपास सनातनी भी थे। इनमें अधिकांश वे थे, जो मुफ्त की धनराशि पर पल रहे थे। थोड़ा सँभलकर बंडू नाना ने ज्योतिराव से पूछा, 'तुमने ऐसा क्यों किया ज्योति?'

'इसलिए कि सरकारी पैसे का सदुपयोग हो। यह पैसा किताबों और बच्चों की शिक्षा पर खर्च होना चाहिए।'

'पर दान-दक्षिणा देने-लेने का नियम तो पहले से चला आ रहा है।'

'पहले से तो बहुत सारे रीति-रिवाज चले आ रहे हैं। पर वे क्या सही हैं?'

'सही-गलत का फैसला करनेवाले तुम कौन होते हो?'

'मैं ही नहीं, ये सब' अपनी बात कहते हुए ज्योतिराव ने अपने साथ आए लोगों की ओर इशारा किया। तभी लोगों के हुजूम ने इस लूट के खिलाफ नारा लगाया। जोरदार आवाजें गूँज उठीं।

ज्योतिराव फुले का नाम सुनकर कट्टरपंथी नरम पड़ गए। आवेदकों को समाज से बहिष्कृत करने की उन्हें हिम्मत नहीं हुई। दक्षिणा कोष विषयक प्रार्थना पत्र सरकार द्वारा स्वीकृत हो गया। इससे मूल मराठी में ग्रंथ-लेखन और अनुवाद को बहुत प्रोत्साहन मिला। मराठी भाषा और साहित्य के उत्थान में ज्योतिराव ने प्रगतिशील और सुधारवादी लोगों की मदद कर और दक्षिणा कोष का धन साहित्य उन्नयन हेतु स्वीकृत करा कर एक नई ज्योति जला दी, जिसकी रोशनी में उनकी कीर्ति और उज्ज्वल नजर आने लगी। इस प्रकरण के बाद उनकी धाक और आत्मविश्वास और बढ़ गया। समाज में उनकी और ज्यादा चर्चा होने लगी।

दक्षिणा-कोष प्रकरण के बाद ज्योतिराव पूना में सामाजिक क्रान्ति और नए विचारों के अगुआ बन गए। चिपलूणकर, भवालकर और लोकहितवादी सभी ने अनुभव किया कि यदि आरम्भ से ही ज्योतिराव को उक्त अभियान में रखा जाता तो बेहतर होता। इस घटना के बाद पूना के युवा बुद्धिजीवी एवं प्रगतिशील विचारकों में ज्योतिराव का नाम आदर के साथ लिया जाने लगा था। यह उनके लिए कम उपलब्धि नहीं थी।

ज्योतिराव को सब कुछ याद था। कैसी विषम परिस्थितियों का स्वयं उनके अपने घर में ही निर्माण होने लगा था। जिन्होंने जन्म दिया और बचपन में चलना सिखाया। उसी पिता ने स्वयं अपने बेटे को संघर्ष पथ पर अग्रसर होने से रोका। विवश ज्योतिराव को घर में भी संघर्ष करना पड़ा।

बाहर तो वे संघर्ष कर ही रहे थे। क्रान्ति घर से ही शुरू होती है। यही तो उनकी सीख थी। क्रान्ति का पहला सबक भी तो यही था।

ज्योतिराव स्त्री-शिक्षा, दलित-शिक्षा और जन-जागृति के कार्यों में जी-जान से लगे हुए थे। मेजर कैंडी, बम्बई शिक्षा बोर्ड अध्यक्ष सर एरस्किन पैरी ज्योति के प्रशंसक बन गए थे। उनको स्त्री-शिक्षा और दलित-शिक्षा के क्षेत्र में सम्मान के साथ आधुनिक भारत का जनक माना जाने लगा। पूना के सुधारवादी सवर्ण भी

उनके हितैषी और प्रशंसक बनने लगे थे। कुछ लोग चोरी-चुपके तो कुछ खुलकर उनको आर्थिक सहायता भी कर रहे थे, फिर भी खर्च के अनुपात में आय कम ही थी। अत: ज्योतिराव द्वारा संस्थापित विद्यालय प्रबन्ध समिति ने सरकार से अनुरोध किया कि उनके द्वारा चलाए जा रहे स्कूलों को वित्तीय सहायता प्रदान की जाए।

शिक्षा अभियान में उनके पक्षधर मेजर कैंडी ने समिति को अनुदान दिए जाने की सिफारिश की। बम्बई के गवर्नर विस्काउट फाकलैंड ने 1852 में ईस्ट इंडिया कम्पनी के लन्दन स्थित प्रबन्ध निदेशक मंडल को लिखा कि पूना के कुछ उत्साही युवकों ने महिला शिक्षा के लिए स्कूल खोले हैं, जिन्हें सरकार द्वारा 75 रुपये मासिक आर्थिक सहायता देना स्वीकार कर लिया है और आगे आवश्यकतानुसार इसमें वृद्धि की जा सकती है। उन्होंने स्वयं यह भी जोड़ा कि मेजर कैंडी स्वयं इसकी देखभाल कर रहे हैं। प्रबन्ध निदेशक मंडल ने 75 रुपये मासिक का आर्थिक अनुदान स्वीकृत कर दिया। ज्ञान की ज्योति जन-जन तक ले जाने के लिए। ज्योतिराव के लिए यह एक बड़ी उपलब्धि थी।

इस बीच, 1853 में हिन्दू समाज के ही कुछ प्रगतिशील लोगों ने हिन्दू सभा की मदद से विधवा विवाह के सवाल पर बम्बई में एक सम्मेलन का आयोजन किया। जिसमें लगभग 500 लोग शामिल हुए। लेकिन सभा के अध्यक्ष के साथ कुछ गणमान्य लोग बहिष्कृत हो जाने के डर से सम्मेलन में नहीं आए। सनातनी ब्राह्मणों ने सभा के कार्यक्रम को विफल बना दिया। गणमान्यों की विरोधाभास से भरी कैसी मानसिकता थी।

आर्थिक शोषण को समाप्त करने के लिए महात्मा फुले ने एक प्रस्ताव रखा। अपने ग्रंथ में उन्होंने 'श्रम मूल्य' के सिद्धान्त का तिरस्कार किया। उन्होंने कहा कि प्रत्येक व्यक्ति को उसकी मेहनत तथा परिश्रम के अनुसार मजदूरी मिलनी चाहिए। इस सम्बन्ध में उन्होंने सरकारी नौकर और किसान की आर्थिक स्थिति में अन्तर्भेद का उल्लेख करते हुए कहा कि इस विषमता को दूर करने के लिए सरकारी नौकरों के वेतन और पेंशन में कटौती होनी चाहिए। उन्होंने देखा था कि किसान को ज्यादा परिश्रम करने के बावजूद प्रतिमाह तीन रुपये कमाई भी नहीं होती। किन्तु एक साधारण अंग्रेज अधिकारी प्रतिमाह 15 रुपयों की शराब पीता है। इसलिए उन्होंने श्रम मूल्य के तत्त्व को लागू करने का अनुरोध किया।

आर्थिक संघर्ष को आगे बढ़ाने के लिए ज्योतिराव ने मजदूरों को संगठित करने का उनका प्रयास किया। यद्यपि उस समय, औद्योगीकरण की प्रक्रिया बिलकुल प्रारम्भिक अवस्था में थी। लेकिन उनकी प्रेरणा से उनके सहकारी नारायण राव लोखंडे ने बम्बई में कपड़ा मिलों के मजदूरों को संगठित करने के लिए संगठन की स्थापना की। वे जानते थे कि इन मिलों में काम करनेवाले मजदूर अधिकतर शूद्र-अतिशूद्र वर्ग से सम्बन्धित हैं। संगठन ने, मजदूरों के अधिकारों के लिए अनेक आन्दोलन किए।

कार्ल मार्क्स और ज्योतिराव समकालीन थे। किन्तु दोनों के विचारों का विकास सर्वथा भिन्न वातावरण में हुआ। 'जब मार्क्स आर्थिक क्रान्ति के तत्त्वज्ञान की रचना कर रहे थे, तब ज्योतिराव प्रत्यक्ष रूप से युद्ध भूमि में उतरकर आर्थिक और सामाजिक क्रान्ति के लिए संघर्ष कर रहे थे।' दोनों के निदानों में कुछ ज्यादा अन्तर नहीं है। अगर कुछ है तो केवल इतना कि ज्योतिराव को भारत की सामाजिक पृष्ठभूमि का ज्यादा अनुभव था और भारतीय समाज की समस्याओं पर उन्होंने अधिक चिन्तन किया था। कार्ल मार्क्स ने 1852-59 के दरमियान अपने लेखों में भारत में सामाजिक क्रान्ति की आवश्यकता का प्रतिपादन करते हुए कहा, 'हिन्दुस्तान की संस्कृति इतनी अवनत है कि वहाँ के लोग शबला नाम की गाय और हनुमान नाम के बन्दर की, पूजा करते हैं।' फुले शूद्र-अतिशूद्रों के उत्थान के लिए चौतरफा संघर्ष करते हुए यहाँ के लोगों को जानवरों की पूजा करने के बजाय मनुष्य के साथ मनुष्यता का व्यवहार करने का सन्देश दे रहे थे।

ज्योतिराव और उनके साथियों के दृष्टिकोण में मूलभूत अन्तर था। ज्योतिराव का ब्राह्मणशाही पर सीधा प्रहार, धर्मग्रंथों की आलोचना, ब्राह्मणों में शूद्रों की शिक्षा के प्रति भयानक उदासीनता और ब्राह्मणों की भेद नीति की कटु आलोचना आदि अनेक कारणों से ज्योतिराव के लिए इन संस्थाओं में कार्य करना असम्भव होता जा रहा था। तमाम प्रयासों के बावजूद जब साथियों के दृष्टिकोण की जड़ता नहीं टूटी तब 1857 के आखिर में इन संस्थाओं के कार्य से पूर्ण रूप से मुक्त होने का, उन्होंने निर्णय लिया। जिन पाठशालाओं का निर्माण ज्योतिराव ने अविरत प्रयासों से किया, जिन पर उन्होंने अपने जीवन के 10 वर्ष लगाए थे, जिन पाठशालाओं में उन्होंने और उनकी पत्नी सावित्रीबाई ने बिना वेतन, उदात्त तथा नि:स्वार्थ भावना से अध्यापन कार्य किया, उनसे सम्बन्ध विच्छेद करते हुए ज्योतिराव ने बहुत पीड़ा महसूस की, लेकिन नवनिर्माण के लिए यह अलगाव अनिवार्य हो गया था। प्रत्येक

समाज पुरुष को अपने जीवन में ऐसे कटु निर्णय लेने ही होते हैं। ज्योतिराव ने समाज के हितों को सर्वोपरि मानते हुए अलग रास्ते पर कदम बढ़ा दिए।

10 मई, 1857 को देश में सैनिक विद्रोह शुरू हुआ और उसने बहुत जल्द ही एक बड़े विप्लव का रूप धारण किया। इतिहासकारों ने उसे 'भारतीय स्वतंत्रता संग्राम' नाम से इतिहास में अभिहित किया है। इस विद्रोह का उद्‌देश्य अंग्रेजी राज्य सत्ता तथा शासन को खत्म करना था। किन्तु प्रत्यक्ष विप्लव की भूमि महाराष्ट्र से बाहर थी। महाराष्ट्र में केवल कुछ छिट-पुट घटनाओं के अलावा कुछ विशेष नहीं हुआ। विद्रोह की उम्र बहुत ही कम साबित हुई। पूना के ब्राह्मणों ने इस विद्रोह को एक साधारण घटना के रूप में ही माना और उनमें अधिकतर अंग्रेजों की खुशामद करके उनसे दक्षिणा प्राप्त करने में ही व्यस्त रहे। उनके भीतर न देशभक्ति का भाव था और न ही राष्ट्रभक्ति का विचार। सच कहा जाए तो वे पिटे हुए मोहरे थे और अपनी स्थिति से उबरने की जुगत में लगे थे।

इतिहास की गहराई में जाएँ तो एक ब्राह्मण सरदार बालाजी पंत नातु ने 17 नवम्बर, 1817 को पेशवा के मुख्यालय शनिवारवाड़ा पर अपने हाथों से पेशवाई का ध्वज निकालकर ब्रिटिश साम्राज्य का ध्वज फहराया था। 1 जनवरी, 1818 को पेशवाई पूरी तरह से ध्वस्त हो गई थी।

ज्योतिराव इस सैनिक विद्रोह के न तो पक्षधर थे और न ही विरोधी। इस सम्बन्ध में उन्होंने अपना स्वतंत्र चिन्तन किया था और अपनी निश्चित धारणाएँ बनाई थीं। उनका कहना था कि हिन्दू समाज जाति प्रथा के कारण हमेशा विभाजित रहा और उसमें एकता तथा देशभक्ति का निरन्तर अभाव बना रहा। इस कारण से ही अंग्रेजों को भारत पर अपना राज्य स्थापित करने में सफलता मिल सकी। अगर यह विद्रोह सफल हो गया होता तो पुनः ब्राह्मणों का राज आ जाता और वे फिर शूद्रों पर वैसे ही भयानक सामाजिक और धार्मिक प्रतिबन्ध लगाते जो उन्होंने पेशवा के राज में लगाए थे। इन विचारों के बावजूद, ज्योतिराव ने 1857 के विद्रोह के समय अंग्रेजों की कोई सहायता नहीं की। वे एकदम तटस्थ रहे। इस दौरान उनके अंग्रेज मित्र उनसे मिलने से भी कतराते रहे।

ज्योतिराव का शूद्र तथा महिलाओं के बीच शिक्षा का कार्य तेजी से चल रहा था। उनके विद्यालय भी प्रगति कर रहे थे। इन विद्यालयों की परीक्षाएँ सार्वजनिक रूप से ली जाती थीं। इस अवसर पर अंग्रेज अधिकारियों के साथ शहर के

गणमान्य लोग भी शामिल होते थे। ज्योतिराव द्वारा संचालित शूद्र बालिका स्कूल की वार्षिक परीक्षा 12 फरवरी, 1853 को हुई। इसके बाद उनके द्वारा ही स्थापित शूद्र जातियों के बच्चों के विद्यालयों की परीक्षा 21 मार्च, 1853 को हुई। प्रातः 7 बजे सभी छात्राएँ उपस्थित थीं। परीक्षा पेशवाओं के तालीमखाने के हाल में प्रारम्भ हुई। उनकी बौद्धिक क्षमता देखने हेतु अनेक अधिकारी, व्यापारी एवं सम्भ्रान्त लोग उपस्थित थे। परीक्षा के विषय पठन, लेखन, श्रुति लेख, भारत और विश्व का भूगोल, व्याकरण, महाराष्ट्र का इतिहास आदि थे।

इसी समय मातंग जाति की एक 14 वर्षीय छात्रा मुक्ता सालवे ने निबन्ध में लिखा, "ब्राह्मण लोग कहते हैं कि वेद हमारी बपौती है। हम ही उसे पढ़ेंगे। इसका मतलब यह हुआ कि हमारा कोई धर्म ग्रंथ नहीं है। अगर वेद केवल ब्राह्मणों के लिए हैं तो उसके अनुसार आचरण करना ब्राह्मणों का धर्म है। अगर हमें धर्म ग्रंथ देखने या छूने तक की इजाजत नहीं है तो यह स्पष्ट है कि हमारा कोई धर्म नहीं है? हे परमात्मा! तुम्हारे द्वारा निर्मित हमारा धर्म कौन-सा है, यह कृपाकर हमें बताइए, यानी हम सभी उसके अनुसार बर्ताव करेंगे।

इसके पहले हमें इमारतों की नींव में दफनाया जाता था। तालीमखानों की बगल से भी हम गुजर नहीं सकते थे। भूल से भी कोई शूद्र उधर से निकलता तो उसका सिर एक खिलौना समझकर काट दिया जाता था। पढ़ने-लिखने की हमें अनुमति नहीं थी। दूसरा बाजीराव पेशवा शूद्रों की शिक्षा का नाम सुनते ही क्रोध से पागल हो जाता था। वह चिल्लाता था, 'क्या? यदि महार-मांग पढ़ना-लिखना सीखेंगे, तो ब्राह्मण क्या करेंगे? क्या ब्राह्मणों को अपने धर्म ग्रंथ शूद्रों के हवाले करके कन्धे पर झोला लटकाए अपनी विधवाओं का मुंडन करते हुए घूमना चाहिए।' भगवान ने हमारे लिए अंग्रेजों का राज भेजा है। अब हमारी समस्याओं की सुनवाई होगी। अब हम पर कोई भी अत्याचार नहीं कर सकेगा। कोई भी हमें फाँसी पर नहीं लटका सकता। कोई भी हमें जिन्दा दफना नहीं सकता। हमारी सन्तान अब जिएगी। अब हम कपड़े पहन सकते हैं। अब हम अपने तन ढाँक सकते हैं। हरेक मनुष्य को अब अपनी मर्जी का जीवन-यापन करने की स्वतंत्रता है। कोई प्रतिबन्ध नहीं। कोई निषेध नहीं। कोई मनाही नहीं। अब हम गुल टेकड़ी के बाजार में सरेआम घूम सकते हैं।"

पूना नगरपालिका की स्थापना 1 जून, 1857 को हुई थी। सभी सदस्य सरकार द्वारा ही मनोनीत होते थे। 1876 में ज्योतिराव की भी पूना नगरपालिका का सदस्य

मनोनीत किया गया। तब से 1882 तक वे नगरपालिका सदस्य रहे।

सफल छात्राओं को पुरस्कार दिए जाते थे। इस हेतु दक्षिणा पुरस्कार समिति के अतिरिक्त अनेक उदारवादी लोग आर्थिक सहायता करते थे। बोर्ड ऑफ एजुकेशन के अध्यक्ष दलित विद्यालयों के निरीक्षण हेतु आते थे। वे ज्योतिराव के स्कूलों की बहुत प्रशंसा करते थे। लेकिन, दुखद स्थिति यह थी कि कट्टरवादी लोग उनसे जल-भुन जाते थे। 'ज्ञान प्रकाश' समाचार पत्र को ज्योतिराव की दिन-प्रतिदिन बढ़ती लोकप्रियता से चिढ़ थी। अक्सर वह तीखे व्यंग्य प्रकाशित किया करता था। इन्हीं दिनों सरकार ने ज्योतिराव का सार्वजनिक अभिनन्दन किया। इस घटना को कट्टरपंथी लोग पचा नहीं पाए। उनके अनुसार, केवल संस्कृत के विख्यात पंडितों को ही सम्मान वस्त्र दिया जाना चाहिए था। एक शूद्र का पेशवाओं के बाड़े में अभिनन्दन उनके लिए कलियुग का आरम्भ था। उनकी दृष्टि में सरकार ने ज्योतिराव का सार्वजनिक अभिनन्दन कर ब्रह्मवृन्द का अपमान किया। सरकार ने ज्योतिराव के स्कूलों को दक्षिणा प्राइज समिति से पचहत्तर रुपये मासिक की सहायता स्वीकृत कर कट्टरपंथियों को जैसे और भी उद्वेलित कर दिया। वे लोग सरकार की इस घोषणा को भी न पचा पाए कि जो लेखक मराठी भाषा में स्तरीय साहित्य लिखेंगे या अंग्रेजी, संस्कृत अथवा अन्य किसी विदेशी भाषा की उपयुक्त पुस्तक का मराठी में अनुवाद करेंगे, उन्हें दक्षिणा प्राइज समिति से पुरस्कार दिया जाएगा।

ज्योतिराव फुले को स्कूल चलाने तथा समाज सेवा के लिए जो आर्थिक सहायता मिलती थी, उसमें से एक पैसा भी वे व्यक्तिगत कार्यों में खर्च नहीं करते थे। उन्होंने अपनी आजीविका के लिए पूना के पास बन रहे खड़कवासला बाँध के काम का ठेका लिया था। फिर मांजरी गाँव में कृषि भूमि खरीदकर उसमें खेती करने लगे। उन दिनों किसान बाँध के पानी के प्रयोग को पाप समझते थे लेकिन ज्योतिराव ने पहले से चली आ रही रूढ़ियों को तोड़कर बाँध के पानी का उपयोग कर अच्छी फसल प्राप्त की। कुछ समझदार किसानों ने उनका अनुकरण किया। इसके विपरीत कट्टरपंथी ज्योतिराव से बेहद नाराज हो गए।

ज्योतिराव समय-समय पर पत्र-पत्रिकाओं के लिए लेख भी लिखा करते थे जो समाज सुधार और मानवता से ओत-प्रोत होते थे। उनके विचारों से परेशान कुछ कट्टरवादी सिरफिरों ने ज्योतिराव की हत्या करने की योजना बनाई। दो लोगों को ज्योतिराव को मारने का जिम्मा दिया गया। घोंडीराव नामदेव कुम्हार और रोड़े

पैसों के लालच में आकर ज्योतिराव को जान से मारने के लिए वे तैयार हो गए।

ज्योतिराव और सावित्रीबाई की अपनी कोई सन्तान नहीं थी। वे कुछ अनाथ बच्चों को अपने घर में रखते थे। दोनों पति-पत्नी अनाथ बच्चों के साथ सोए हुए थे। आधी रात का वक्त था। न जाने कैसे दोनों हत्यारे उनके घर में प्रवेश कर गए। एक के हाथ में छुरा था और दूसरे के हाथ में तलवार था। उस समय घर में दीये की मद्धिम रोशनी थी। परिवेश में चुप्पी थी। ऐसे में हत्यारे ज्योतिराव की ओर बढ़ रहे थे तभी कोई वस्तु उनके पाँव से टकराकर नीचे जमीन पर गिर गई थी। उसकी आवाज सुनकर फुले की नींद टूट गई। सावित्रीबाई भी जग गई। घर में दो अजनबी लोगों को रात में देखकर ज्योतिराव ने उनको चोर समझकर कहा, 'भाइयो, मैं तो गरीब आदमी हूँ। देख लो, मेरे घर में आपको कुछ नहीं मिलेगा।'

जवाब में एक ने कहा, 'हम चोरी करने नहीं, तुम्हारी हत्या करने आए हैं।'

ज्योतिराव ने आश्चर्य से कहा, 'मेरी हत्या? इससे आप लोगों को क्या मिलेगा?'

तभी दूसरे ने कहा, 'हमने तुम्हारी हत्या की सुपारी ली है और इसमें एक सौ रुपये मिलेंगे।'

सुनकर सावित्रीबाई घबरा गईं, मगर ज्योतिराव निडर और सहज बने रहे। उन्होंने कहा, "सावित्री, रोना-चिल्लाना नहीं। इससे बच्चे जग जाएँगे। पड़ोसी भी जग जाएँगे। अपना व्रत तो दीन-दुखियों और दलितों की सेवा है। ये भाई भी दीन और गरीब हैं। मेरी हत्या करने पर इनको एक सौ रुपये मिल जाएँगे। ये अपने बच्चों के साथ आराम और सुख से रह सकेंगे। चलो, मेरा जीवन कुछ तो इनके काम आएगा। फिर इनका कुछ भला भी हो जाएगा।" पलभर वे ठहरे, फिर बोले, "मेरे लिए यह खुशी की बात है कि जिन लोगों की भलाई और उन्नति के लिए काम कर रहा हूँ, उन्हीं के हाथों मैं मारा जा रहा हूँ।"

अपने पति की बात सुनकर सावित्रीबाई को अजीब-सा लगा। उन्होंने प्रश्न किया, 'ये दोनों आपकी जान लेना चाहते हैं और आप चुपचाप अपने आपको इनके हवाले कर रहे हो?'

ज्योतिराव ने कहा, 'सावित्री, लहुजी से मैंने यही बात दुष्ट लोगों का सामना करने के लिए सीखी थी। लेकिन ये लोग दुष्ट नहीं परन्तु जरूरतमन्द हैं। बस, मेरे मरने के बाद भी मेरा काम जारी रखना। इन बच्चों को पढ़ाना।'

असमंजस में सावित्रीबाई चुप थीं। पति के सामने कहे भी तो क्या? एक ओर पति, दूसरी तरफ हथियारों के साथ वे दोनों हत्यारे। वे भी मौन थे। उनकी

कुछ भी समझ नहीं आ रहा था। वे कभी ज्योतिराव की ओर देखते तो कभी सावित्रीबाई की तरफ। ज्योतिराव ने उनसे पूछा, 'भाइयो, अच्छा यह बतलाओ, तुम अपने बच्चों को स्कूल भेजते हो या नहीं? यदि वे नहीं जाते हैं तो उनको कल से ही पढ़ने भेजना, जिससे कि उनको पैसे के लिए फिर किसी की हत्या करने की जरूरत नहीं पड़े।'

दोनों हत्यारे ज्योतिराव की बातें सुनकर पानी-पानी हो गए। उनकी आँखों से आँसू छलक आए। उन्होंने सोचा; जिस व्यक्ति को हम जान से मारने आए थे। वही हमारे बच्चों की शिक्षा के लिए सोच रहा है। उन्हें उसे मारने से जरूर कुछ पैसा मिल जाएगा, लेकिन हमारे बच्चे तो अनपढ़ ही रह जाएँगे। ज्योतिबा की तरह काश हमें भी अक्षर ज्ञान होता तो हमारे भीतर सही-गलत की धारा फूटती। तब लालच के लिए हम क्यों किसी की हत्या करने का मन बनाते। उनके हृदय में परिवर्तन की प्रक्रिया जैसे शुरू हुई। अपने-अपने हाथ का अस्त्र फेंककर वे दोनों ज्योतिराव के चरणों में झुक गए और कहा, 'हमसे बहुत बड़ी गलती हुई। आप आज्ञा दें। हम सुपारी देनेवालों को मार देते हैं।'

ज्योतिराव फुले ने कहा, 'नहीं भाइयो, क्षमा बड़ी चीज है। मारना है तो अज्ञान को मारो, जो तुम्हारी गरीबी का कारण बना हुआ है।'

जैसे उन दोनों को ज्ञान का प्रकाश मिला हो। वे तो अब तक अँधेरे में ही छटपटा रहे थे। घोंडीराव बोला—

'आपने तो हमारी आँखें ही खोल दी ज्योतिराव जी।'

तभी रोड़े के मुँह से भी निकला—

'आप तो हमारे लिए भगवान हैं।'

ज्योतिराव ने तुरन्त टोका—

'मैं भगवान नहीं हूँ। मैं तुम्हारे जैसा ही एक इनसान हूँ। मुझमें और तुममें फर्क सिर्फ इतना ही है कि तुम लोग व्यक्तिगत स्वार्थ के लिए यह सब कर रहे हो और मैं समाज की भलाई के लिए थोड़ा-बहुत काम कर रहा हूँ। उसी पर लोग मुझसे नाराज हैं। कुछ लोग मेरे साथ सावित्रीबाई को भी बुरा-भला कहते हैं। वे हमारा स्वागत फूलों से नहीं, पत्थरों से करते हैं।'

दोनों ने सोचा, ज्योतिबा ठीक ही कहते हैं। ये तो भले आदमी हैं। हम इन्हें मारने आए थे। अगर इन्हें कुछ हो जाता तो हम जिन्दगी भर पछताते रहते। जाने से पहले दोनों ने फिर से ज्योतिराव के पाँव छुए और वे चले गए।

सावित्रीबाई अब तक सब कुछ चुपचाप सुन रही थीं। हत्या के लिए घर में घुसे दोनों लोगों के जाते ही ज्योतिराव से वे बोली—

'तुम्हें अगर कुछ हो जाता।'

ज्योतिराव ने पत्नी की ओर सिर्फ देखा, कहा कुछ नहीं।

घोंडीराव नामदेव और रोड़े दोनों ज्योतिराव के भक्त बन गए थे। दोनों उनकी रात्रि पाठशाला में पढ़ने लगे। मांग जाति का रोड़े तो ज्योतिराव का अंगरक्षक ही बन गया।

पत्नी को सन्तान न हो तो पति क्या करे? रूढ़ियाँ ढो रहे लोगों के पास तत्कालीन समाज में इस सवाल का एक ही उत्तर था—पति को दूसरा विवाह करना चाहिए। यानी उसी घर में उसी पत्नी की आँखों के सामने ही यह समाज पुरुष को दूसरी औरत के साथ रंगरलियाँ मनाने का लाइसेंस दे देता था। हिन्दू धर्म में महिला की अस्मिता पर चोट करनेवाला यह अटूट नियम था और प्रथा भी। वह ऐसा बन्धन था, जिससे मुक्त होने का कम-से-कम औरतों को तो धर्माधिकारियों ने कोई भी अवसर नहीं दिया था। दूसरे शब्दों में कहा जाए तो उन्हें अपने ही घर में असहाय बनने को मजबूर किया जाता था। उनकी लाचारी की कोई सीमा ही नहीं थी। न पिता को कोई एतराज होता था और न ही ससुर को कोई ग्लानि होती थी। सावित्रीबाई स्वयं ऐसी समस्या का सामना कर रही थीं। सन्तान का प्रश्न उनके सामने था। वह मूक थीं। पर ज्योतिबा मूक नहीं रहना चाहते थे। ज्योतिराव की उस समय 35 वर्ष के लगभग उम्र थी। बस्ती के लोगों के साथ रिश्तेदार भी दूसरे विवाह की बातें कर रहे थे। पिता और ससुर ने भी ऐसी सलाह दी। दोनों की बातें सुनकर वे अशान्त हो गए। उनका मुखर स्वर उभरा—

'यह कोई निश्चित नहीं है कि दूसरे विवाह के पश्चात सन्तान हो ही। यदि सन्तान नहीं हुई तो दूसरी पत्नी बहुत निराश होगी।' कुछ पल वे रुके फिर कहा, 'फिर सावित्रीबाई भी यही विश्वास करेगी कि दोष मुझमें ही है और वह एक सौत का भार लेकर जीने को मजबूर होगी। इसलिए सावित्रीबाई के रहते मैं सन्तान के लिए दूसरा विवाह नहीं कर सकता।'

ज्योतिराव की बात सुनकर उनके ससुर ने वंश को आगे चलाने की बात कही तो उन्होंने पुनः कहा—

'ससुर जी, आप सही कह रहे हैं कि मेरा अंश-वंश आगे नहीं बढ़ पाएगा।

पर, राजाराम के तो बच्चे हैं ही। वे भी तो मेरे अपने बच्चों की तरह ही हैं, मुझे और क्या चाहिए?'

इस बार उनके पिता और ससुर दोनों ने ज्योतिबा की बात ध्यान से सुनी। पिता तो चुप ही रहे जबकि ससुर नहीं माने, उनका स्वर फिर प्रतिवाद में उभरा—

'ज्योतिबा, तुम्हारी बात ठीक है। लेकिन तुम्हारे अपने भी तो बच्चे होने चाहिए।'

ज्योतिराव ने कहा, 'ठीक है, मैं आप लोगों की बात मान लूँगा, परन्तु मेरी एक शर्त है।'

उन्होंने उत्सुकता से पूछा, 'क्या?'

ज्योतिराव ने कहा, 'आप मेरे सामने सावित्रीबाई की सौत लाने का प्रस्ताव रख रहे हैं तो उसे भी एक सौता लाने की अनुमति देंगे।'

'मतलब।'

'यही कि मेरी तरह आप लोग सावित्रीबाई को भी दूसरे विवाह की अनुमति प्रदान करेंगे।'

ज्योतिराव का उत्तर सुनकर उनके पिता और ससुर सन्नाटे में आ गए। ज्योतिराव ने जो कुछ कहा उसे क्या कोई पति भी ऐसी बात कह सकता है? क्या कोई मर्द किसी गैर-मर्द को अपने ही घर में बर्दाश्त कर सकता है?

यह कहने की उन दिनों किसी की हिम्मत न थी। पर ज्योतिबा ने हिम्मत की थी। वैसी बात कहना तो दूर, सुनते हुए भी अजीब लगता था तब। निश्चित ही वह समय परम्पराओं की गुलामी का था। प्रथाओं को झेलने का था। लेकिन ज्योतिराव ने पुरुष सत्ता के ताने-बाने को तहस-नहस कर दिया था।

उनकी बात सुनकर वे बिगड़ गए और कहा, 'आप ये कैसी बातें कर रहे हैं?'

ज्योतिराव ने विनम्रता से कहा, 'दुख है, आप पिता होकर अपनी बेटी की सौत लाने को कह रहे हैं। यदि किसी स्त्री को बच्चा नहीं होता तो पति भी दोषी हो सकता है। फिर अकेली स्त्री पर बाँझ होने का आरोप क्यों लगाया जाए? पत्नी को बच्चा नहीं होता, इसलिए पति का दूसरा विवाह करना एक निष्ठुर प्रथा है।'

पिता बोले, 'परम्परा निष्ठुर ही सही। पर यही समाज का नियम है।'

ज्योतिराव अभी कुछ बोलना चाहते थे कि उनके ससुर कह उठे—

'और यह तो धर्मसम्मत परम्परा है। जो हजारों बरसों से चली आ रही है।'

ज्योतिराव चुपचाप यह सब स्वीकार करनेवाले नहीं थे। उन्होंने कहा—

'ससुर जी हजारों सालों से नहीं बल्कि लाखों सालों से भी अगर कोई गलत बात चल रही हो तो उसको मैं स्वीकार नहीं कर सकता।'

ज्योतिराव ने अपने फैसले से हजारों वर्षों के 'धर्मसम्मत' नियमों तथा चलन को पलट दिया था। उनका यह भी मानना था कि यदि किसी स्त्री को सन्तान नहीं होती तो उसको बाँझ कहना बहुत बड़ी निर्दयता है। केवल सन्तानोत्पत्ति के लिए दूसरा विवाह करने की प्रथा ज्योतिराव को पसन्द नहीं थी। यही सब सोच-विचार कर उन्होंने यशवन्त को अपना दत्तक पुत्र बनाया।

ज्योतिराव के पिता की काफी उम्र हो गई थी। कुछ दिनों से उनका स्वास्थ्य भी ठीक नहीं रहता था। बड़े भाई पिता के पास रहते थे। समाज सेवा में व्यस्त रहने के कारण वे पिता की देखभाल नहीं कर सके। वैसे भी इस निष्ठुर समाज ने पिता से बेटे को अलग करा दिया था। पिता दुखी थे। ज्योतिराव इस पर विचार करते। वे भी पिता के प्रति सदय थे। पिता की याद आती तो वे पुराने घर जाकर उनसे मिल आते। समाज की जड़ परम्पराओं ने दोनों को दुख की तरफ धकेल रखा था। ऐसी परम्परा से वे अकेले ही दुखी नहीं थे बल्कि लाखों की संख्या में दलित और पिछड़ी जाति के लोग भी दुखी थे, परेशान थे। 1868 में उनके पिता का देहान्त हो गया। वे अपने पिता के अन्तिम संस्कार में शामिल हुए।

तुकाराम तात्या पडवल, भंडारी शूद्र जाति से सम्बन्धित थे। उन्होंने मराठी तथा अंग्रेजी दोनों भाषाओं का अध्ययन किया था। उनकी सामाजिक समानता के क्रान्तिकारी आन्दोलन में गहरी रुचि थी। उन्होंने अगस्त, 1861 में 'जाति भेद विवेक सार' नामक एक मराठी पुस्तक लिखी। उस पुस्तक का प्रकाशन उस समय शूद्र समाज के एक गणमान्य व्यक्ति ने किया था। इस पुस्तक में इसका सुन्दर विवेचन है कि तुकाराम तात्या के द्वारा ब्राह्मणों ने ज्ञान के क्षेत्र में एकाधिकार निर्माण करके किस प्रकार समाज पर अपना प्रभुत्व स्थापित किया और शूद्रों को जाति-व्यवस्था में सबसे निचले स्तर का स्थान दिया। ब्राह्मण किस प्रकार कपट नीति से श्रेष्ठतत्व प्राप्त किया और समाज में सर्वश्रेष्ठ और भूलोक देवता बने इसका भी पुस्तक में रहस्योद्घाटन है। उस समय के अनुसार, यह एक बहुत ही क्रान्तिकारी और प्रभावपूर्ण पुस्तक थी।

यद्यपि विधवा विवाह की समस्या केवल ब्राह्मण तथा अन्य कुछ ऊँची जाति तक ही सीमित थी, इन विधवाओं की दुर्दशा तथा कई बार उनका अनैतिक आचरण

देखकर ज्योतिराव क्षुब्ध हो गए थे। कभी-कभी ये विधवाएँ, अवैध सम्बन्धों से जन्मे बच्चों की हत्या भी कर डालती थीं। इस स्थिति को देखते हुए ज्योतिराव ने विधवा विवाह आन्दोलन को समर्थन तथा प्रोत्साहन देने का निर्णय लिया। ज्योतिराव के सक्रिय सहभाग से, पूना के गोखले बाग में 8 मार्च, 1860 को एक शैणवी ब्राह्मण विधवा युवती का उसकी जाति के एक विधुर के साथ विवाह सम्पन्न हुआ। लड़की का नाम नर्मदा और लड़के का नाम रघुनाथ जनार्दन था। इस विवाह के समय उस नर्मदा की आयु 18 वर्ष थी।

कभी-कभी तरुण विधवाओं से कोई अनैतिक आचरण हो जाता था तो उन्हें यातनाएँ सहनी पड़ती थीं। उससे क्षुब्ध होकर ज्योतिराव ने एक ऐसा अनाथालय शुरू किया, जहाँ कोई भी गर्भवती विधवा, चुपचाप आकर प्रसव कर सकती थी। और चाहे तो अपने नवजात शिशु को पालन-पोषण हेतु भी वहाँ छोड़ सकती थी। इस अनोखे आश्रम की लोगों को सूचना देने के लिए ज्योतिराव ने पर्चे लिखे और उन्हें पूना में लोगों के विशेष रूप से ब्राह्मणों के घरों के, दरवाजों पर चिपकवाए। उन पर्चों में लिखा था, 'हे तरुण विधवाओ। यहाँ आओ और पूर्ण सुरक्षा तथा गुप्तता के साथ अपने बच्चों को जन्म दो। अनाथालय उनकी देखभाल करेगा।' इन पर्चों को पढ़ते ही पूना के ब्राह्मण आगबबूला हो गए। उन्होंने एक-दूसरे से पूछा कि इन पर्चों का लेखक कौन हो सकता है? सबसे एक ही उत्तर मिला, 'वही कमीना ज्योतिराव। उसके अतिरिक्त अन्य कौन हो सकता है।' क्रुद्ध ब्राह्मणों ने ज्योतिराव को धर्म के नाम पर कलंक बताया पर वास्तविकता यह थी कि ज्योतिराव जो कुछ कर रहे थे वह सदियों से बँधी दासता की जंजीर तोड़ने का एक क्रान्तिकारी कदम था। ऐसी क्रान्ति अपने आप नहीं होती। उसके पीछे किसी युग निर्माता व्यक्ति का हाथ होता है। फुले, ऐसे ही युग निर्माता थे।

सन् 1863 में ज्योतिराव ने अपने निवास स्थान के पास एक नया और स्वतंत्र मकान बनाया था। इस अनाथालय की स्थापना उन्होंने इसी मकान में की। यह अनाथालय भारत में इस प्रकार की पहली अनोखी सामाजिक संस्था थी। इस अनाथालय में ब्राह्मण विधवाएँ ही अधिक संख्या में आती थीं, क्योंकि उन दिनों ब्राह्मणों में विधवाओं को पुनर्विवाह की अनुमति नहीं थी। तब ऐसी ब्राह्मण विधवाओं को बदनामी से बचाने, उनके भ्रूण तथा बाल हत्या को रोकने, उन्हें आत्महत्या करने से बचाने के लिए एक अब्राह्मण शूद्र व्यक्ति ने यह निर्भीकता दिखाई और मानवतावादी दृष्टि से इस संस्था को चलाया। परन्तु पिछले अनुभव को ध्यान में

रखते हुए, इस बार ज्योतिराव ने अनाथालय को चलाने के लिए कोई समिति नहीं बनाई। उन्होंने इस अनाथालय को सरकार अथवा अन्य किसी भी ब्राह्मण मित्र का सहयोग लिये बगैर चलाया। उन्होंने कहा, 'जो लोग अपनी बहनों के जीवन की रक्षा नहीं कर सकते, अपनी माताओं को मानसिक यातनाओं से अथवा केश मुंडन से बचा नहीं सकते, ऐसे लोग मेरी संस्था के सदस्य बनने योग्य नहीं हैं।' अनेक विधवाओं ने इस अनाथालय में आकर बच्चों को जन्म दिया। ज्योतिराव ने उन्हें और उनके बच्चों को पूर्ण सुरक्षा दी और उनके पालन-पोषण की व्यवस्था की।

निश्चित ही अदालत का यह निर्णय बहुजन समाज के खिलाफ था। बहुजन समाज के खिलाफ ही नहीं स्वयं न्याय की अस्मिता पर चोट था। देश में ब्रिटिश राज जरूर था, लेकिन अभी भी मनु का कानून अदालतों/पुलिस थानों/स्कूल और कॉलेजों में चल रहा था। भारतीय दंड संहिता को अस्तित्व में आए लगभग पन्द्रह बरस हो गए थे, लेकिन कानून किताबी बनकर रह गया था। ब्रिटिश शासकों को आम आदमी की चिन्ता नहीं थी, सात समुन्दर पार से आए शासक को फिक्र थी तथाकथित विशेष वर्ग की, जिसकी गिरफ्त में सदियों से बहुजन समाज था। वे सिर्फ देश में राजकाज चलाना चाहते थे। उन्हें न शूद्रों की चीखें सुनाई देती थीं और न ही महिलाओं के कातर स्वर।

वर्ष 1890 का जनवरी मास, ज्योतिराव के लिए अभूतपूर्व सफलता का समाचार लेकर आया। उनके सत्यशोधक समाज की जीत हुई। जिस समय उन्हें यह समाचार मिला, उस समय वे बीमार थे। आखिरकार ब्राह्मण पैतृक पुरोहिती अधिकार खो बैठे। फुले लम्बे समय से इस बारे में संघर्ष कर रहे थे। ओतुर के मुकदमे का बम्बई हाईकोर्ट ने बालाजी कुसाजी पाटील के पक्ष में फैसला दिया। एक तरफ से देखा जाए तो यह सामाजिक न्याय की जीत हुई थी। ब्राह्मणों के एकाधिकार पर चोट हुई थी। उस समय ज्योतिराव बीमारी के साथ संघर्ष कर रहे थे तो उनके साथी अपने अधिकार प्राप्ति के लिए साहस का प्रदर्शन करते हुए ऊँची जातियों से संघर्ष करने में लगे हुए थे। दूसरी तरफ पंडित और पुरोहित अभी भी अपने परम्परागत विशेष अधिकारों के बचाव में थे।

फुले युगीन नारी जीवन की अवनति स्पष्ट करने के लिए निम्नांकित दो उदाहरण सहायक सिद्ध होते हैं—"सुभानु नाम संवत्सरे भादो बदी ईसवी 1823 की घटना है।

एक कोंकणस्थ ब्राह्मणी राधाबाई सती होने जा रही थी। ओंकारेश्वर के पास उसे चिता पर बैठाया गया और आग लगाई गई। उस समय जलाने की विधि भयावह थी। थोड़ा जलने पर जब वह चिता से तड़पते हुए बचने के लिए बाहर आने लगी तो बाँस एवं लम्बी लाठियों से उपस्थित जन फिर से उसे चिता में धकेलने लगे। चिता के चारों ओर भजन जारी था। ढोलक आदि वाद्य गूँज रहे थे। वेदशास्त्र सम्पन्न मंडली मंत्रघोष कर रही थी और उलट-पुलट कर पापड़ जिस प्रकार सेंका जाता है, उसी प्रकार कुछ लोग लाठियों की सहायता से उसे चिता में जला रहे थे।"

इस प्रकार के अमानवीय, करुण और घृणित कारनामों में हस्तक्षेप करके अंग्रेज अधिकारियों ने उन पर कठोर पाबन्दी लगाने का प्रयास किया। ऐसी दुर्घटनाओं को रोकने के लिए कैप्टन रॉबर्टसन ने कड़े कदम उठाते हुए पुरोहितों एवं वेदशास्त्रज्ञों से कहा कि यदि ऐसी घटनाएँ जबरन हुईं तो वह समझा जाएगा कि पंडित और पुरोहित जान-बूझकर अपराध कर रहे हैं। जिसके परिणामस्वरूप वे सजा के भागीदार होंगे। सरकार के आदेश को धर्म पर अत्याचार मानकर नासिक, पैठण आदि शहरों के धर्म मार्तंडों की बैठक हुई और कानून की ओर आँख मूँदकर सती प्रथा को चालू रखने के लिए नई योजना बनाई गई। सती प्रथा तोड़ने वाला कानून न बने इसके लिए उन्होंने प्रतिनिधि के रूप में एक वकील इंग्लैंड भेजा, लेकिन उसमें असफल रहे। अन्ततोगत्वा सती की नई योजना अमल में लाने का निर्णय हुआ। उस नई योजना का स्वरूप निम्नांकित था—"सती होने वाली स्त्री के लिए खास जगह पर घास का मंडप तैयार करके उस पर गोबर उपले तथा चन्दन की लकड़ियाँ रखी जाएँ। सती होने वाली स्त्री को चिता पर बिठाकर गोरे लोगों का कानून सुनाया जाए। यह कानून सुनने पर भी यदि वह स्त्री सती होने के लिए तैयार हो तो चिता में आग लगाई जाए। इसके उपरान्त आग भड़कने पर वह यदि चिता से बाहर आए तो उसे बिरादरी में न लेना भी तय हुआ। उसके साथ ही उसके मायके वालों को भी बहिष्कृत करने का निर्णय लिया गया।" उन्नीसवीं शती के प्रारम्भ में कानून बनने के बाद भी देश में सती होने वाली बाल-विधवाओं की संख्या में रात-दिन बढ़ोतरी हो रही थी।

एक-दो घटनाएँ और देखें। वैसे तो उन दिनों देश में हजारों घटनाएँ हो रही थीं। जो सती नहीं हो पाती थीं, उन्हें आजीवन कारावास की सजा सुनाकर मथुरा, वृन्दावन, वाराणसी या फिर कलकत्ता भेज दिया जाता था। अग्निदाह असह्य होने पर एक विधवा चिता से बाहर कूद पड़ी। उसका शरीर बुरी तरह जल चुका था

लेकिन वह जिन्दा थी। इसलिए अंग्रेज कर्मचारियों ने उसे शहर में वापस लाकर उसका इलाज कराया। परन्तु पूरा शरीर जल जाने से कोई लाभ नहीं हुआ। तीन दिन के बाद वह मर गई। इसके पूर्व एक और सती होने वाली स्त्री सर्वांग जलने से पहले चिता से बाहर निकलकर पानी में कूदने के लिए नदी की ओर दौड़ने लगी, लेकिन ब्राह्मणों ने उसे पकड़कर निर्दयता से चिता में फेंककर, उस पर बड़ी-बड़ी लकड़ियाँ डालकर उसकी जान ले ली। इन उदाहरणों से यही स्पष्ट हो जाता है कि फुले युगीन नारी जीवन कितना उपेक्षित एवं अन्यायग्रस्त था। काशीबाई नामक विधवा ब्राह्मणी का उदाहरण सुपरिचित है। वह गर्भवती बनी और बेचारी खुदकुशी करने के इरादे से पुणे में एक नदी के पुल से कूदने जा रही थी। इत्तफाक से उधर घूमने निकले महात्मा फुले को सफेद वस्त्र पहने काशीबाई दिखाई पड़ी। तत्कालीन नारी की स्थिति से अवगत महात्मा फुले को उस औरत का आशय समझने में देर नहीं लगी। तत्काल उस स्त्री के पास पहुँचकर उसको सान्त्वना देते हुए महात्मा फुले ने पूरी हकीकत जान ली। तत्पश्चात् फुले दम्पती ने काशीबाई को सहारा देकर उसकी प्रसूति आदि की व्यवस्था की।

काशीबाई के सन्दर्भ में कोई ठोस जानकारी उपलब्ध नहीं है। काशीबाई किसकी वासना का शिकार बनी, यह अज्ञात होने पर भी स्पष्ट हो जाता है कि ब्राह्मण समाज में भी अनेकों विधवा इसी प्रकार पुरुषों की वासना का शिकार बनकर आत्महत्या के लिए मजबूर हो जाती थीं। काशीबाई को फुले दम्पती का सहारा मिला और उसकी प्रसूति के पश्चात् यशवन्त को फुले दम्पती ने गोद लिया। यही कारण है कि काशीबाई अधिक प्रकाश में आ गई। लेकिन इस प्रकार की अनेकों बाल-विधवाएँ ब्राह्मणों के व्यभिचार के इस कुटिल इतिहास के पृष्ठों में दब चुकी होंगी।

ज्योतिराव फुले द्वारा स्थापित और संचालित बालहत्या प्रतिबन्धक गृह का कार्य सुचारु रूप से प्रगति की ओर अग्रसर था। कई उदार और निष्पक्ष लोगों ने उनके इस कार्य की भूरि-भूरि प्रशंसा भी की थी। कई दृष्टि से इस कार्य का बहुत बड़ा महत्त्व था। पूना के सुधारवादी लोगों ने इस कार्य को आगे बढ़ाने में काफी उत्साह दिखाया और इस बालहत्या प्रतिबन्धक गृह के संचालन के लिए कई प्रकार से सहायता की। यह संस्था स्थापित करके ज्योतिराव ने ब्राह्मण समाज की विधवा औरतों की इज्जत ही नहीं बचाई, बल्कि उनको ब्राह्मण समाज के भयानक व बीभत्स अत्याचारों से भी बचा लिया। सही मायनों में ज्योतिराव ने ब्राह्मण जाति की इज्जत को बचाने का ही काम किया।

ज्योतिराव का ब्राह्मण जाति पर तो इतना महान् उपकार रहा है, 1863 में गंज पेठ, पुणे में फुले ने बालहत्या प्रतिबन्धक गृह की स्थापना की थी। यह भी कहा जा सकता है कि वैसा करने के लिए उनका मन बार-बार स्वयं उन्हें उद्वेलित कर रहा था। समाज में अवैध सम्बन्धों की भरमार थी। विशेष रूप से विधवा हिन्दू स्त्रियों के बच्चे होते थे, उन्हें कहाँ छुपाएँ, इसलिए पुरुष उन्हें अकेले पूना शहर तथा आसपास के गाँव, कस्बों में कहीं भी फेंक देते थे। कभी-कभी मजबूर होकर स्वयं बच्चे की माँएँ भी नीड़/नालों में डाल देती थीं। लोग उन्हें अवैध समझते थे। लेकिन ज्योतिराव उन्हें सिर्फ बच्चा ही मानते थे। इन चार-पाँच वर्षों में लगभग एक सौ विधवाओं ने बच्चों को जन्म दिया था। बालहत्या प्रतिबन्धक गृह में पैदा हुए बच्चों में कुछ ही जीवित बचे, उसमें सन् 1873 में काशीबाई नाम की ब्राह्मण विधवा ने एक बच्चे को जन्म दिया। बच्चे का पिता शास्त्री नाम का बाह्मण था। जो अवैध सम्बन्ध रखता था। भेद खुल जाने पर काशीबाई को जान से मार डाला गया और बच्चे को कुएँ में फेंक दिया। वह विधवा गंज पेठ में केसोपंत के घर में रहती थी।

सावित्रीबाई का सहयोग केवल शिक्षा के क्षेत्र तक ही सीमित नहीं था। ज्योतिराव फुले और सावित्रीबाई फुले दोनों ने ही बड़े उत्साह से उसका नामकरण संस्कार सम्पन्न किया। उन्होंने उस बच्चे का नाम यशवन्त रखा। सावित्रीबाई ने बड़े ही लाड़-प्यार से इस बच्चे का लालन-पालन किया। दोनों ने यशवन्त को अपने पुत्र जैसा ही समझा। इस कार्य के लिए सभी सुधारवादियों ने उनको धन्यवाद देकर उनका बहुत सम्मान किया। पुनर्जागरण के उस काल में इस तरह का पुनीत कार्य शायद ही किसी ब्राह्मण पति-पत्नी ने करके दिखाया हो।

ज्योतिराव फुले भी न जाने किस मिट्टी के बने हुए थे। वह ऐसी अद्‌भुत प्रतिभा के धनी थे कि वे जीवन में एक के बाद एक सामाजिक क्रान्ति के कार्य करते ही चले गए। ब्राह्मणों द्वारा डराने-धमकाने और उन पर गालियों का बौछार होने के बाद भी जीवन के महान् लक्ष्य की प्राप्ति के लिए जीवन की अन्तिम साँस तक डटे रहे। वह सनातनियों से किंचित् मात्र भी भयभीत नहीं होते थे। वे जो कार्य करते, अपने नाम अथवा अपनी प्रशंसा के लिए नहीं करते थे। उस समय पूना में पेशवाओं ने जगह-जगह पर पानी के हौदे बनवा रखे थे। लेकिन उनमें से महार, मातंग और चांभारों को पानी लेने का कोई अधिकार प्राप्त नहीं था। पूना नगरपालिका भी इसकी व्यवस्था नहीं कर पा रही थी। अप्रैल-मई के गर्मी महीनों

में जब पानी का अकाल होता, तब एक-एक, दो-दो मील की दूरी से आनेवाले दलितों को चाहे वे कितना भी आग्रह करें, हाथ-पाँव जोड़े पीने के लिए पानी भी नहीं मिल पाता था और बगैर पानी के प्यासी हालत में ही उन्हें वापस लौटना पड़ता था। ऐसे हालात में पानी का हौदा अपने अछूत भाइयों के लिए खुलवा देना, वास्तव में बहुत बड़ी हिम्मत और साहस का काम था, जिसे ज्योतिराव ने सन् 1868 में कर दिखाया।

ज्योतिराव के महान् कार्यों का जीवन से सम्बन्धित कई क्षेत्रों में दिनों-दिन विस्तार होता गया। उन्होंने सामाजिक, धार्मिक, मजदूर और महिलाओं से सम्बन्धित क्षेत्रों के साथ-साथ किसानों की समस्याओं का निराकरण कर उनके जीवन में खुशहाली लाने का भी भरसक प्रयास किया। वे सत्यशोधक समाज के कार्य के सम्बन्ध में महीने में कई बार बम्बई जाते थे। इसलिए उनको बम्बई के मिल मजदूरों की समस्याओं की अच्छी-खासी जानकारी हो गई थी। यह मजदूर सुबह से लेकर शाम तक मेहनत करते थे। इन मजदूरों में ज्यादातर दलित और पिछड़ी जातियों के लोग होते थे। ज्योतिराव के बम्बई में रहनेवाले एक प्रमुख सहयोगी नारायणराव मेधाजी लोखंडे ने मिल मजदूरों के उत्थान के लिए सतत संघर्ष करने का संकल्प लिया।

अब 'दीनबन्धु' का प्रकाशन पूना के स्थान पर 1880 में बम्बई से होने लगा। नारायण लोखंडे युवा थे और उन्होंने ज्योतिराव फुले के मार्गदर्शन में मिल मजदूरों के कल्याण का कार्य प्रारम्भ किया था। उन्होंने 'दीनबन्धु' पत्रिका सम्पादन के रूप में ही ज्योतिराव की प्रेरणा से गरीब मजदूरों की समस्याओं को बड़े साहस और उत्साह के साथ लोगों के सामने रखने का कार्य शुरू कर दिया। ज्योतिराव के दूसरे साथी कृष्णराव भालेकर ने किसानों के कल्याण के लिए आन्दोलन शुरू कर दिया था। आधुनिक भारत के इतिहास में मजदूरों और किसानों को संगठित और जागृत करने का यह पहला प्रयास था। भारत के मजदूरों का 'दीनबन्धु' पहला समाचार-पत्र था, जो सत्यशोधक समाज का मुखपत्र बन गया था। बम्बई की मजदूरों की सभाओं में ज्योतिराव और नारायण लोखंडे के भाषण होते थे। मिल मजदूरों की अनेकों समस्याओं का समाधान उस समय ज्योतिराव के नेतृत्व में सत्यशोधक समाज के द्वारा ही सम्भव हो सका था। ज्योतिराव फुले की क्रान्तिकारी बहुमुखी गतिविधियों का यह एक अलग ही अनोखा स्वरूप था। न जाने कितने क्षेत्रों में ज्योतिराव फुले ने अपने सुधारवादी दृष्टिकोण का परिचय दिया।

पेशवा राज में शूद्र और दलितों की स्थिति बहुत भयंकर थी तथा उस असहनीय यातना-घर की तरह थी, जिसमें शूद्र और दलितों को एकदम पददलित की स्थिति में खड़ा कर दिया। उनकी स्थिति पशुओं से भी बदतर हो गई थी—

पेशवा ने पाँव पसारे
उन्होंने सत्ता, राजपाट सँभाला
और अनाचार, शोषण अत्याचार होता देखकर
शूद्र हो गए भयभीत
थूक करे जमा
गले में बँधे मटके में
और रास्तों पर चलने की पाबन्दी
चले धूल भरी पगडंडी पर,
कमर पर बँधे झाड़ू से मिटाते
पैरों के निशान।

सावित्रीबाई फुले अपने काव्य के माध्यम से पेशवा राज के जुल्मों का वर्णन करते हुए बताती हैं कि पेशवा राज में शूद्रों, अतिशूद्रों के साथ उच्च वर्ग की स्त्रियों के हालात भी बहुत बदतर थे। पेशवा के बुलाने पर उसी की ऊँची जाति का निर्लज्ज पति अपनी पत्नी को यह कहते हुए कि चलो हवेली, एक सुनहरा मौका आ खड़ा हुआ है कहकर पेशवा के यहाँ छोड़ आया करता था।

पेशवा राज के बाद अंग्रेजों के आगमन पर जब शूद्र और दलित वर्ग शिक्षा की ओर थोड़ा-सा अग्रसर हुआ तो भट-ब्राह्मण, दलित और शूद्रों का मजाक बनाते थे। उनकी इस अभद्रता के खिलाफ बोलते हुए सावित्री कहती हैं—

ज्ञानी बनता देख भट लोग बरगलाते
देखो, कैसे हाँके भेड़-बकरियों को
झूठ बढ़ा-चढ़ाकर

'बावनकशी' में वे ज्योतिराव के जन्म से लेकर पालन-पोषण, शिक्षण और उनके सामाजिक कार्यों का बेहद सरल और रोचक शैली में वर्णन करती हैं। जब ज्योतिराव केवल नौ ही महीने के थे तब उनकी माँ चल बसी थी। तब ज्योतिराव की मौसेरी बहन सगुणाबाई क्षीरसागर ने उनका पालन-पोषण किया। ज्योतिराव ने

अपनी पढ़ाई के साथ अपनी बड़ी बहन सगुणाबाई और जीवन साथी सावित्रीबाई को भी पढ़ाया। वे कहती हैं—

मुझे और आऊ को उन्होंने ही
पढ़ना-लिखना सिखाया
नारी शिक्षा की भव्य घटना की
रखी नींव ज्योतिराव ने
घर के कुएँ से प्यासे अतिशूद्रों के लिए
पानी पिलाने और भरने की
अनोखी हुई शुरुआत
इनसानों को दिखाया ज्योतिराव ने सद्मार्ग
पढ़ाया दलितों को
अपने अधिकारों का पाठ
ज्योतिराव थे युग चेतना के आविष्कारक

ज्योतिराव युग-चेतना के आविष्कारक ही नहीं थे बल्कि वे युगद्रष्टा भी थे। ज्योतिराव ने विधवा ब्राह्मणी के बच्चे को गोद लिया तथा उसे पढ़ाया-लिखाया, डॉक्टर बनाया और उसको भी अपने साथ सामाजिक कार्य में जोड़ा। सावित्रीबाई फुले ज्योतिराव की तुलना संत तुकोबा से करते हुए कहती है—जैसे संत तुकोबा वैसे संत ज्योतिराव। क्रान्ति सूर्य ज्योतिराव का सबसे बड़ा योगदान उनका शूद्र, दलित जनता को लगातार शिक्षा की ओर प्रेरित करते हुए ब्राह्मणवाद के अस्त्र-शस्त्र के पाखंड से निपटने का रास्ता दिखाना भी है।

करते रहे बयान ज्योतिराव सच्चाई
कि अंग्रेजी माँ का दूध पीकर
बलवान बनो
और पूरे संकल्प से करते रहे प्रयास
लगातार शूद्रों की शिक्षा-प्राप्ति के
शूद्रों के संसार में
सुख-शान्ति समाधान के लिए

ज्योतिराव ने दुखी-जनों, स्त्रियों, शूद्रों और दलितों की तरक्की, उनकी इनसानी

गरिमा को बरकरार रखने, उनके ऊपर हो रहे जुल्मो-सितम के खिलाफ खड़े होने, उनको सशक्त बनाने के लिए अनथक कार्य किए। यही कारण था और है कि दलित जनता उन्हें अपना सच्चा हितैषी मानती है—

मेरी कविता को पढ़-सुनकर
यदि थोड़ा भी ज्ञान हो जाए प्राप्त
मैं समझूँगी मेरा परिश्रम सार्थक हो गया
मुझे बताओ सत्य निडर होकर
कि कैसी हैं मेरी कविताएँ
ज्ञानपरक, यथार्थ, मनभावन या अद्भुत
तुम ही बताओ।

'बावनकशी सुबोध' रत्नाकर काव्य-संग्रह के अन्त में सावित्रीबाई कहती हैं—

यद्यपि ज्योतिराव का जन्म हुआ वहाँ
जिन्हें शूद्र माली के नाम से
पुकारा जाता था
सभी दलित-शोषित उन्हें माली जाति का नहीं
अपना मुक्तिदाता मानते थे
महान ज्योतिराव अमर हो गए
प्रणाम करती हूँ ऐसे ज्योतिराव को।

पानी पवित्र और आदमी अपवित्र, यह कैसी विडम्बना थी? ज्योतिराव फुले का संवेदनशील मन यह विषमता से भरी स्थिति देख और महसूस कर तड़प उठा। उन्होंने देखा कि यदि कोई महार मुसलमान बन जाए तो उसको खुले तौर पर सार्वजनिक जगहों पर पानी भरने की अनुमति थी। कोई उससे रोक-टोक की बातें नहीं करता था। उसी तरह यदि कोई गाय का मांस भी खानेवाला अंग्रेज सार्वजनिक जगह पर पानी पीना या भरना चाहे तो लोग आदर और जी हजूरी के साथ उसको सहयोग करते थे। और, दूसरी ओर अपने ही हमवतन और सहधर्मी भेदभाव के शिकार थे। ज्योतिराव ने हिन्दुओं की इस मानसिकता पर बहुत कुछ लिखा था। वे इसको तर्कसंगत नहीं ठहराते थे। उनकी दृष्टि में पानी पर सभी का अधिकार है। ऐसा वे मानते थे।

ज्योतिराव ने दलित समाज के लिए सभी सार्वजनिक स्थलों को खोलने की वकालत की, चाहे वह सार्वजनिक तालाब हो, कुआँ या मन्दिर। उनके मकान की चहारदीवारी के भीतर उनका अपना निजी कुआँ था। उनकी कथनी और करनी में कोई अन्तर नहीं था। 1868 में उन्होंने अपने मकान में स्थित कुआँ दलितों के लिए खोल दिया।

ब्राह्मणवाद के शिकार दलित भी पाप-पुण्य के फेर में पड़ गए। वे असमंजस की स्थिति में थे। उनके भीतर पानी की चाह तो थी, लेकिन कुएँ से पानी भरने की हिम्मत वे नहीं जुटा सके। आरम्भिक स्थिति तो यही थी। आखिर गलती उनकी भी नहीं थी। कुएँ से पानी भरना दलितों को नसीब ही कब हुआ था? स्वयं ज्योतिराव उनके हाथ पकड़कर कुएँ पर ले गए। उन्होंने उनसे जबरदस्ती पानी भरवाकर पानी से भरे घड़े उन्हीं के हाथों से उठवाए।

हिन्दू समाज में यह घटना चर्चा का विषय बन गई। इसकी खबर दूर-दूर तक फैल गई। क्या गाँव, क्या कस्बा, हर जगह रूढ़ हुई व्यवस्था चटख रही थी। कट्टरपंथी लोग आगबबूला हो रहे थे। ज्योतिराव के इस कार्य से वे जल-भुन गए। वे कहते कि दलितों के लिए अपना पानी का कुआँ खोलकर ज्योतिराव फुले ने हिन्दू धर्म और संस्कृति को, पानी के बहाने, आग लगा दी है। ज्योतिराव सोचने लगे। क्या दलितों को पानी सुलभ कराने से सचमुच आग लग गई?

आग न तो पानी में लगी न कुओं, नदियों और तालाबों में बल्कि आग उन्हीं कट्टरपंथियों के दिमाग में जमे कूड़ा-करकट में लगी थी। वे भीतर-बाहर धुआँ-धुआँ हो रहे थे। पानी पिलाना तो पवित्र होता है, यह बात कहते हुए सनातनी नहीं थकते। हिन्दुओं की कथनी और करनी में जमीन-आसमान का फर्क था। कई पखवाड़ों तक हिन्दू हंगामा करते रहे, पर ज्योतिराव अपने निश्चय पर अडिग रहे। कुछ हिन्दू क्या कहते हैं, वे उनके खिलाफ क्या करते हैं? उन्हें इस बात की परवाह नहीं थी। उन्हें अगर चिन्ता थी तो यह कि दलितों को मानवीय रिश्तों से जोड़ना चाहिए। उन्हें सम्मान देना चाहिए।

इसी बीच प्रार्थना समाज के नेता महादेव गोविन्द रानडे ने स्वामी दयानन्द सरस्वती को जुलाई के माह में पूना में निमंत्रित किया। स्वामी जी ने रानडे का निमंत्रण स्वीकार कर लिया था। वे स्वयं पूना आकर अपनी बात कहना चाहते थे। महाराष्ट्र में आर्य समाज का आन्दोलन सामाजिक बदलाव का उतना आधार नहीं बन सका था। स्वामी जी के भाषणों से ब्राह्मण पहले से ही नाराज थे। पूना

में उन्होंने कई व्याख्यान दिए। वेदों की नई व्याख्या सुनकर पूना निवासी दंग रह गए। वहाँ लोगों ने वेदों को मात्र रट रखा था, अत: वे स्वामी जी से किसी तरह का वाद-विवाद करने की स्थिति में नहीं थे।

शहर के अधिकांश समाज सुधारकों को स्वामी जी की व्याख्या अच्छी लगी और उन्होंने उनकी शोभा-यात्रा निकालने पर विचार किया। कट्टरवादियों को शोभा-यात्रा निकालने की खबर की भनक लग गई थी। वे शोभा-यात्रा में अड़ंगा लगाने की योजना बनाने लगे। जब रानडे को कट्टरपंथियों को योजना का पता लगा तो उनका परेशान होना लाजिमी था। वे इससे निबटने के बारे में सोचने लगे। पूना में उनकी परेशानी को समझने और उसे दूर करनेवाले तो ज्योतिराव फुले ही थे। अत: वे उनके पास पहुँचे। घर पर आए रानडे का उन्होंने सम्मान किया पर ज्योतिराव ने स्पष्ट कहा, 'देखिए रानडे जी, मेरा स्वामी दयानन्द सरस्वती के विचारों से कोई मेल नहीं हैं। उनकी मान्यता है कि वेदों से परे कोई ज्ञान नहीं हैं, जबकि मैं वेदों को भेद कहता हूँ।'

उनकी बात सुनकर रानडे के भीतर नाराजगी उभर आई और उन्होंने प्रतिकार में कहा, 'आप स्वामी जी को गलत समझ रहे हैं। वे वेदों की नई व्याख्या कर सभी को समझा रहे हैं कि जातिभेद, जन्म के आधार पर ऊँच-नीच और पुनर्विवाह पर लगाया गया प्रतिबन्ध वेदों को स्वीकार नहीं है। उनका कहना है कि सभी जाति के स्त्री-पुरुषों को वेद पढ़ने का अधिकार है। अन्य धर्म के लोगों को हिन्दू धर्म में लेने पर वेदों में कहीं कोई रोक नहीं है। इस तरह से स्वामी जी जातिभेद को तोड़ने का प्रयास कर रहे हैं, जो आपका भी उद्देश्य है।'

रानडे की बात सुनकर ज्योतिराव ने विचार किया कि स्वामी दयानन्द सरस्वती वेदों को मानते हैं, लेकिन वे छुआछूत के विरुद्ध हैं। और सभी के साथ समानता का आचरण करने को कह रहे हैं। अत: स्वामी जी की आवाज को दबानेवाले कट्टरपंथियों पर काबू पाने के लिए उन्हें सहायता करनी चाहिए। यही सब विचार कर उन्होंने कहा, 'ठीक है रानडे जी, मैं स्वामी जी की शोभा-यात्रा में कट्टरपंथियों द्वारा होनेवाली किसी तरह की बाधा को रोकने में आपकी सहायता करूँगा, मगर मेरी दो शर्तें हैं।'

थोड़ा तसल्ली होने पर रानडे ने पूछा—

'क्या शर्तें हैं आपकी, बताइए?'

ज्योतिराव जवाब में बोले—

'पहली शर्त, एक तो मैं और मेरे साथी वेदों की जय-जयकार नहीं करेंगे। दूसरी, हम उन ग्रंथों की पालकियाँ नहीं उठाएँगे।'

उनकी शर्त सुनकर कुछ पल रानडे ने विचार किया। उन्हें विचार में डूबे हुए देख ज्योतिराव ने पुनः पूछा, 'कहिए रानडे जी।' तत्काल उन्होंने हामी भरी। इस तरह गोविन्द रानडे ने ज्योतिराव की दोनों शर्तें मान ली।

कट्टरपंथियों के खिलाफ जैसे अभियान शुरू हो गया था। ज्योतिराव ने भी हर जगह समाचार भेजकर अपने अनुयायियों को शोभा-यात्रा के दिन पूना में बुला लिया था। सब कुछ तैयारी कर ली गई थी। कट्टरपंथियों को हावी होने का कोई अवसर वे देना नहीं चाहते थे। फिर रानडे को उन्होंने वचन भी दे दिया था।

नियत समय 5 सितम्बर, 1875 को शोभा-यात्रा आरम्भ हुई। एक सजे हुए हाथी पर स्वामी दयानन्द सरस्वती की सवारी निकली। आगे पालकी में ग्रंथ रखे गए। शहर की बस्तियों तथा बाजारों से होते हुए गाजे-बाजे के साथ शोभा-यात्रा आगे बढ़ रही थी। ज्योतिराव अपने समर्थकों के साथ आगे-आगे सावधानीपूर्वक चल रहे थे। सभी कुछ ठीक-ठाक चल रहा था। पर कट्टरपंथियों को यह सहन न हुआ। कुछ दूर आगे बढ़ने के बाद ज्योतिराव ने देखा कि कट्टरपंथी लोग एक गधे को सजा-धजाकर गाजे-बाजे के साथ उसकी शोभा-यात्रा निकालते हुए सामने से आ रहे हैं। यही नहीं, वे लोग 'गर्दभानन्द' की जयकार भी कर रहे थे। ज्योतिराव के समर्थक तो पहले से ही सजग थे। उन्हें मालूम था कि सनातनी हिन्दू जरूर ही कुछ न कुछ गड़बड़ करेंगे। कुछ लोग हल्ला भी कर रहे थे। ऐसे में फुले ने अपने अनुयायियों को इशारा किया। उन्होंने आगे बढ़कर उनसे टक्कर ली। उन्हें सब कुछ समझा दिया गया था। किसी भी स्थिति में हिंसा न करने की हिदायत भी दी गई थी। एक तरफ रानडे के लोग तो दूसरी ओर ज्योतिराव के सहयोगी, उनके मिले-जुले प्रयारा से विषमतावादियों को तितर-बितर कर दिया गया। देखते-देखते सभी कट्टरपंथी भाग खड़े हुए और स्वामी दयानन्द सरस्वती की शोभा-यात्रा निर्विघ्न सम्पन्न हुई। पूना में जाति अभिमानियों को सबक सिखाने का यह ऐतिहासिक दिन था।

समाज में बेतुके नियम, आदेश और निषेध धर्म की आड़ में ब्राह्मणेतर जातियों को दास बनाए रखने के लिए बहुत पहले से षड्यंत्र रच रखे थे। जिनका पीढ़ी-दर-पीढ़ी विकास ही हो रहा था। ज्योतिराव अच्छी तरह समझ गए थे कि जब तक बहुजन समाज से पुरोहिती वृत्ति का बल कम नहीं किया जाता, तब तक सामाजिक और धार्मिक सुधारों का अभीष्ट फल नहीं मिलेगा। वे यह भी बखूबी जानते थे कि

पुरोहितवाद और सदियों पुरानी व्यवस्था से लड़ना आसान नहीं होगा। इसके लिए सामूहिक संघर्ष की आवश्यकता होगी। अत: उन्हें एक नए संगठन की आवश्यकता महसूस हुई। पिछले पन्द्रह-बीस वर्षों से वे पर्चों तथा पुस्तकों के माध्यम से समाज में चेतना लाने का प्रयास कर रहे थे। कुछ लोग उनकी बातें ध्यान से सुनते भी थे, लेकिन ब्राह्मणों ने ईश्वर और देवी-देवताओं के नाम पर जो धार्मिक प्रथाएँ तथा परम्पराएँ बहुजन समाज पर थोपी थीं, उनकी गिरफ्त से बहुजन समाज बाहर नहीं निकल पा रहा था। उनसे उन्हें मुक्त करने की आवश्यकता थी।

हालाँकि देश में पुनर्जागरण की बात होने लगी थी। पर वह किताबी अधिक थी। सवर्णों द्वारा अधिकांश सभा-सम्मेलनों के आयोजन भी होने लगे थे। न कोई दलितों की बस्ती में जाता था और न पिछड़ों के पास। ऐसे सभा-सम्मेलनों में दलित-पिछड़ों की उपस्थिति तो होती नहीं थी।

24 सितम्बर, 1873 को पूना में ज्योतिराव ने अपने हितैषियों और पढ़े-लिखे दलित सहयोगियों को बुलाकर एक सभा आयोजित की। महाराष्ट्र के अलग-अलग शहरों/ताल्लुकों से लगभग 60 लोग उपस्थित हुए। जो सभी जाति और धर्मों से सम्बन्ध रखते थे। उन्होंने आपस में विचार-विमर्श कर एक संगठन की स्थापना करने पर सहमति जताई।

निम्न वर्गों के लोगों के लिए भी ज्ञान के द्वार खोलकर उनमें शिक्षा का प्रचार-प्रसार किया जाए। यह विचार फुले के भीतर आरम्भ से था। इतिहास में थोड़ा पीछे जाएँ, वर्ष 1848 विश्व के लिए क्रान्तिकारी रहा। कार्ल मार्क्स ने इसी वर्ष 'कम्युनिस्टों की घोषणा' नामक ऐतिहासिक महत्त्व का अपना प्रबन्ध प्रकाशित किया। अमेरिका में स्त्री-उद्धार का आन्दोलन इसी वर्ष न्यूयॉर्क स्थित वेल्सियन चर्च में शुरू हुआ। 1848 में फुले ने बुधवार पेठ स्थित भिड़े के मकान में बालिका विद्यालय शुरू किया। 1848 में ही मराठी पत्रिका 'प्रभाकर' में एक सौ खुले पत्र शृंखला के रूप में प्रकाशित हुए। इन पत्रों में हिन्दू धर्म में दी गई अमानवीय बातों की आलोचना की गई थी। गोपाल हरी देशमुख 'लोक हितवाड़ी' स्त्री-शिक्षा के क्षेत्र में उन्होंने जो प्रशंसनीय कार्य किए, उसके बदले सरकार से उन्हें 200 रुपयों का सम्मान-पत्र इनाम में मिलेगा, ऐसी चर्चा थी।

16 नवम्बर, 1852 को विश्रामवाड़ा बाड़े में गण्यमान्य व्यक्तियों की सभा में ज्योतिराव को वस्त्र अर्पण किया।

1882 में डब्ल्यू. हंटर की अध्यक्षता में शिक्षा आयोग बनाया गया। जो हंटर कमीशन नाम से मशहूर हुआ। शिक्षाविदों आदि से विचार-विमर्श हुआ। जनता की शिक्षा की दृष्टि गिने-चुने लोगों की राय भी पाठक समझें। फुले ने 19 अक्टूबर, 1882 को प्रस्तुत अपने निवेदन में महत्त्वपूर्ण सुझाव दिए थे। 16 अगस्त, 1882 को इलाहाबाद के मेयो हॉल में प्रयाग हिन्दू समाज की ओर से हंटर आयोग को हिन्दी के पक्ष में एक मेमोरियल दिया गया। कुछ प्रभावशाली लोगों ने भी सुझाव दिए। उस मौके पर शहर के सभी प्रतिष्ठित रईस, वकील और अमला वर्ग, बालकृष्ण भट्ट जी के शब्दों में, 'हिन्दू मात्र' उपस्थित हुए, "सिवाय कश्मीरी पंडितों के जिनका एक पुतला भी यहाँ मौजूद न था।" भट्ट जी ने चिढ़कर लिखा कि "इन कश्मीरियों को शेख या मौलवी न कहकर पंडित क्यों कहते हैं?" हिन्दी और हिन्दूधर्म के सम्बन्ध की धारणा बालकृष्ण भट्ट के दिमाग में इस तरह बैठी हुई थी कि पश्चिमोत्तर प्रान्त में रहकर हिन्दी का सम्मान न करनेवाले किसी भी व्यक्ति को वे हिन्दू मानने को तैयार नहीं थे। दूसरे प्रान्तों से आकर बसे लोगों, जैसे—पंजाबी, खत्रियों या कश्मीरी ब्राह्मणों की सांस्कृतिक परम्पराओं को ये न समझते थे, न उनका आदर करते थे। भाषा को धर्म के साथ जोड़कर देखने तथा कश्मीरी समाज और संस्कृति के प्रति अज्ञान के कारण 'हिन्दी प्रदीप' जून, 1882 में पत्रिका के एक लेखक ह.प्र. ने कश्मीरी पंडितों की जातीयता के खिलाफ घृणा में भरकर लिखा कि ये अपने को हिन्दुस्तानी कहते ही नहीं हैं, और "अपने विलायत कश्मीर—तीन लोक में मथुरा नगरी—अलग ही मानते हैं, मानो कश्मीर हिन्दुस्तान में है ही नहीं,न वहाँ हिन्दू मत प्रचलित है, न संस्कृत।" इलाहाबाद, आगरा, लखनऊ आदि शहरों में रहने वाले कश्मीरी पंडितों को बालकृष्ण भट्ट ने 'अर्थ यवन' कहकर धिक्कारा। असल में कश्मीरी पंडित मुसलमानों के साथ कश्मीरियत की साझी भावना से थे। उन्हें हिन्दी से प्रेम नहीं था। वे ब्रिटिश साम्राज्य में ऊँची हैसियत रखते थे। बचे कायस्थ, वे भी हिन्दी से थोड़ा बहुत प्रेम करते थे। उन्हें भी अंग्रेजों तथा अंग्रेजी से लगाव था।

भारतेन्दु के दूसरे समकालीन ज्योतिबा फुले ने स्त्री-शिक्षा के मामले में महाराष्ट्र में युगान्तरकारी काम किया। उन्होंने शिक्षा को भद्रजन के कब्जे से निकालकर, धार्मिक रूढ़ियों से मुक्त कर गरीब, मेहनतकश जनता तक पहुँचाया। 'हंटर आयोग' को दिए अपने बयान में उन्होंने ब्राह्मणों के बीच प्राथमिक शिक्षा के प्रसार पर जोर दिया था। वे भारत की गरीब जनता के बीच स्त्री शिक्षा के प्रवर्तक थे।

हंटर आयोग को भारतेन्दु ने सुझाव के तौर पर लिखा, "बनारस में द्विज जातियों के पुरुष अपनी स्त्रियों को स्कूल नहीं भेजते थे। विद्वत्ता और शास्त्र ज्ञान में गले तक डूबे रहने वाले चितपावन ब्राह्मणों के गढ़ पुणे में पहली अध्यापिका एक शूद्र स्त्री बनी।"

संगीत और अभिनय कला में भी मनु ने द्विज जाति की विधवाओं का विरोध करते हुए लिखा था कि पुनर्विवाह करने वाली स्त्री मरने के बाद 'परलोक में पतिलोक को नहीं पाती।'

भारतेन्दु ने यह भी कहा कि गाँवों में हिन्दू जमींदार गरीब और शूद्र-अछूत जातियों को पढ़ने नहीं देते। जबकि दयानन्द सरस्वती ने देशी शिक्षा-प्रणाली के विचार पेश किए। उनके विचार स्त्री-शिक्षा विरोधी थे। सर सैयद अहमद ख़ाँ के विचार भी इसी तरह थे। कुल मिलाकर ब्राह्मणों ने अनिवार्य शिक्षा नीति का विरोध किया।

हिन्दी नवजागरण के महत्त्वपूर्ण लेखकों की सुधार चेतना में दुविधा और अन्तर्विरोध भरे मिलते हैं। 19वीं सदी के ज्यादातर हिन्दी लेखक जिनके साहित्य में मिलने वाली चेतना को 'हिन्दी नवजागरण' कहा जाता है। सनातनी संस्थाओं से जुड़े हुए लेखक थे। पर धार्मिक-सामाजिक सुधारों वाली धारा गौण रही। मुख्य लड़ाई हिन्दू-मुस्लिम भद्रवर्ग के बीच विशेषाधिकारों पर कब्जा करने और अपनी सांस्कृतिक श्रेष्ठता कायम करने की रही।

ब्राह्मण न होने पर भी भारतेन्दु काशी में सनातन धर्म के प्रचारक और रक्षक माने जाते थे और इसी हैसियत से वे काशी धर्मसभा के सेक्रेटरी थे। सभा की बैठकें उन्हीं के घर पर होती थीं।

इलाहाबाद में हिन्दू मेले का आयोजन हुआ, जिसमें बालकृष्ण भट्ट की भी भागीदारी थी।

हिन्दी लेखकों-पत्रकारों को संगठित करते हुए हिन्दी उद्धारिणी प्रतिनिधि सभा का गठन भी हुआ। हिन्दुत्व की इस सभा ने पाठ्य-पुस्तकें भी बनाने में मदद की। पर कैसी पुस्तकें?

हिन्दी नवजागरण की सबसे बड़ी संस्था श्रीभारत धर्म महामंडल थी, जिसका नेतृत्व मदन मोहन मालवीय करते थे। बालमुकुंद गुप्त और प्रताप नारायण मिश्र के अलावा कई लेखक इसके सदस्य थे। यह संगठन जाति-प्रथा का पूरा समर्थन करता था। काशी नरेश और महाराजा कपूरथला जैसे कई हिन्दू नरेशों ने इन्हें मदद की।

सैयद अहमद ने भी शासन में साधारण जनों की हिस्सेदारी का विरोध करते हुए प्रशासनिक सेवाओं के लिए आयोजित प्रतियोगी परीक्षाओं का विरोध किया था। आम चुनाव के बारे में भी वे कहते थे इसमें शूद्र-चमार सभी किस्म के लोग उन जगहों पर पहुँच जाएँगे तो क्या होगा? राजनीति सिर्फ 'शरीफों' के लिए ही आरक्षित रहनी चाहिए। बालकृष्ण भट्ट इसी तर्क को दोहरा रहे थे। भारतेन्दु भी इसी मत के थे। खत्रियों की उत्पत्ति (1878) लेख में उन्होंने नीची हैसियत बदलने के संघर्ष में लगे ट्रस्ट, जाट और कायस्थ जातियों का मजाक उड़ाया था।

1857 में शिकस्त के बाद हिन्दू राजा हों या मुसलमान अधिकांश ब्रिटिश दरबार में जाने लगे थे। ये शरीफ भी थे और खानदानी भी। वे भूस्वामी थे, सामन्त थे। अंग्रेजी राज की बदली हुई परिस्थितियों को देख वे बदलने लगे थे।

इस तरह लेखकों, चिन्तकों और समाज सुधारकों के शिक्षा के बारे में अलग-अलग विचार थे। जो कुल मिलाकर दलित, पिछड़ों और महिलाओं के खिलाफ थे।

1857 के विद्रोह के मूल में मनु आधारित शासन-व्यवस्था को फिर से लागू करने की प्रेरणा थी। वासुदेव बलवंत फड़के हों या चाफेकर, सभी एक जैसे थे।

ज्योतिराव ने प्रारम्भिक भाषण देखकर उपस्थित लोगों को उनके आन्दोलन को उचित मार्गदर्शन करने के लिए किसी मध्यवर्ती संस्था की आवश्यकता प्रतिपादित की। ज्योतिराव ने स्पष्ट कहा कि धार्मिक और सामाजिक गुलामी को जड़ सहित उखाड़ फेंकना और उपनिवेशवाद को समाप्त करना इस संगठन का मुख्य उद्देश्य होगा। इसकी सदस्यता सभी जातियों और धर्मों हेतु खुली रहेगी। सभा में उपस्थित लोगों ने उनके विचारों का स्वागत कर संस्था के निर्माण का समर्थन किया। फलत: संस्था का गठन हुआ। ज्योतिराव ने संस्था का नाम—'सत्यशोधक समाज' रखा। ज्योतिराव फुले संस्था के प्रथम अध्यक्ष चुने गए। नारायणराव गोविन्दराव कडलक, संस्था के मंत्री निर्वाचित हुए। शूद्र-अतिशूद्र को ब्राह्मणी धर्मशास्त्रों के प्रभाव से बाहर निकालना, ब्राह्मण पुरोहितों की जालसाजी से छुटकारा दिलाना, मानवी अधिकारों के प्रति जागृत करना तथा उनकी मानसिक और धार्मिक गुलामी दूर करना यह सत्यशोधक समाज के मुख्य ध्येय तथा उद्देश्य निर्धारित किए गए। हर सदस्य को जो प्रतिज्ञा करनी होती थी, उनमें शिक्षा की प्रतिज्ञा सर्वोपरि थी। वह प्रतिज्ञा थी—मैं अपने बेटे-बेटियों को शिक्षा दूँगा। सत्यशोधक समाज का घोष वाक्य था—सर्वसाक्षी जगत्पति, नहीं चाहता बिचवई। संगठन से प्रगतिशील लोगों को जोड़ा गया।

प्रारम्भिक दिनों में सत्यशोधक समाज की सदस्यता सभी जाति-धर्मों के लोगों के लिए मुफ्त थी। प्रत्येक रविवार को समाज की बैठकें होती थीं। बैठकों में हिन्दू समाज की बहुमुखी कुरीतियों पर वाद-विवाद तथा विचार-विमर्श होता था। दलित और पिछड़ी जाति के लोगों में शिक्षा के महत्त्व को समझाने के लिए प्रयास करना, ब्राह्मण पुरोहित को धार्मिक समारोह, पूजा-पाठ के लिए आमंत्रित न करना, कम-से-कम खर्च में विवाहों का आयोजन, भविष्य, भूत प्रेत के अन्धविश्वासों से लोगों को मुक्त करना आदि विषयों पर इन बैठकों में चर्चा होती। इन बैठकों में सबसे अधिक जोर जाति-व्यवस्था को नष्ट करने तथा मूर्ति पूजा को समाप्त करने पर दिया जाता था।

कुछ ब्राह्मणों ने स्थापना के दिन से ही सत्यशोधक समाज का विरोध करना शुरू किया। ब्राह्मण गाँवों के अज्ञानी तथा भोले लोगों पर, सत्यशोधक समाज के सदस्य न बनने के लिए दबाव डालने लगे। उन्होंने गाँव के लोगों को भयभीत किया कि यदि वे ब्राह्मण पुरोहितों के सिवा किसी और से धार्मिक विधि कराएँगे या स्वयं करेंगे तो उनके परिवारों पर संकट आएगा, उनका सत्यानाश होगा। भयभीत होकर लोग, ज्योतिराव के पास सहायता के लिए आने लगे। वे इन लोगों को समझाने-बुझाने का कार्य करते तब जाकर लोगों को चैन मिलता। जबकि ज्योतिराव के तीन ब्राह्मण मित्र विनायक बापूजी भंडारकर, विनायक बापूजी डेंगल तथा सीताराम सखाराम दातार ऐसे थे, जिन्होंने संस्था की मदद की।

जब ज्योतिराव ने सत्यशोधक समाज की स्थापना की, तब भारत में दो सुधारवादी संस्थाएँ—ब्रह्म समाज एवं प्रार्थना समाज कार्यरत थीं। आर्य समाज का जन्म भी नहीं हुआ था। इन सुधारवादी संस्थाओं की गतिविधियाँ सवर्ण जाति के कुछ बुद्धिजीवियों तक ही सीमित थीं। उनका काम था, समाज सुधार के कार्य की केवल चर्चा करना। और समाज के ठेकेदार बनकर दलित-पिछड़ों को भ्रमित करना। अपने उद्देश्यों को वास्तविक रूप देने के लिए उनके पास नैतिक साहस की कमी थी। प्रार्थना समाज के एक प्रमुख नेता महादेव गोविन्द रानडे अपनी तरुण विधवा बहन का केवल इसलिए पुनर्विवाह नहीं करा सके, क्योंकि उनके पिता का इस बात के लिए विरोध था। इतना ही नहीं जब रानडे की पहली पत्नी का देहान्त हो गया, तो उन्होंने 32 वर्ष की आयु में 11 वर्ष की बालिका के साथ दूसरा विवाह किया था, जो उपदेश वे लोगों को दिया करते थे, उनका पालन करने की उनमें हिम्मत नहीं थी।

इसके विपरीत सत्यशोधक समाज का नेता एक सीधा-सादा ईमानदार किसान

था। जो हृदय से सामाजिक परिवर्तन के प्रति समर्पित था। ज्योतिराव की भाषा जनसाधारण की भाषा थी। संवाद के साथ उनका प्रचार-प्रसार सड़क के किनारे, बागों और खेतों में होता था। सत्यशोधक समाज के प्रचारक का पहनावा था, धोती, पगड़ी और बदन पर घोंगड़ी (गाँव के लोगों का कम्बल)। लोगों का ध्यान आकर्षित करने के लिए एक ढोल उनके पास होता था। ढोल बजाकर वे लोगों को इकट्ठा करते थे और फिर उन्हें ब्राह्मणों की करतूतें समझाते थे।

सत्यशोधक समाज का लक्ष्य सामाजिक क्रान्ति था। सत्यशोधक समाज आधुनिक भारत में सामाजिक आन्दोलन की शुरुआत करनेवाली पहली संस्था थी। जिसके माध्यम से सामाजिक गुलामी के विरुद्ध आवाज उठाई गई तथा सदियों से उत्पीड़ित शूद्र-अतिशूद्र जनता को सामाजिक न्याय दिलाने की माँग की गई। सवर्ण समाज के समाज सेवकों की कलाबाजियों को ज्योतिराव अच्छी तरह से देख और समझ रहे थे। इसलिए उन्होंने ब्रह्म समाज तथा प्रार्थना समाज की आलोचना करते हुए कहा कि ये 'दोनों संस्थाएँ उन्हीं ब्राह्मण दिमागों की उपज हैं, जो अपने पूर्वजों की राजनीतिक इच्छा, आकांक्षाओं को आज भी वास्तविक रूप देने में विश्वास रखते हैं, वेद तथा गीता के माध्यम से भोली-भाली जनता को धार्मिक पाठ सिखाए जाते हैं।' कालान्तर में डॉ. आंबेडकर ने भी गीता को ब्राह्मणों की राजनीति का एक दस्तावेज कहा था।

सत्यशोधक समाज की स्थापना के तुरन्त बाद ही, उसके प्रस्तावों को मूर्त रूप देने के लिए ज्योतिराव ने प्रयास शुरू किए। उन्होंने ब्राह्मणेतर छात्रों से छात्रवृत्ति के लिए प्रार्थना पत्र आमंत्रित करके दस छात्रों को छात्रवृत्ति दी और अपना ध्यान समाज के धार्मिक लक्ष्यों की पूर्ति की ओर केन्द्रित किया। 25 दिसम्बर, 1873 को ज्योतिराव ने अपने एक सहयोगी मित्र का बिना ब्राह्मण पुरोहित के विवाह करवाया। इस विवाह की विशेषता यह थी कि वर तथा वधू दोनों ने ज्योतिराव द्वारा बनाई गई नियमावली के अनुसार शपथ ली और विवाह की घोषणा हुई। ज्योतिराव के अनेक सहयोगी विवाह के अवसर पर उपस्थित थे। ब्राह्मणों ने इसका विरोध किया। परन्तु वे विवाह को रोक नहीं सके।

इस विवाह की सफलता को देखते हुए ज्योतिराव ने एक और विवाह के आयोजन की योजना बनाई। ब्राह्मणों ने इस विवाह का भी बड़ा विरोध किया। उन्होंने ज्योतिराव के कुछ सगे-सम्बन्धियों के माध्यम से ज्ञानोबा ससाने पर दबाव डालने का प्रयास किया। विवाह के दिन वर-वधू का अपहरण करने का प्रयत्न

हुआ। परन्तु उनकी एक नहीं चली। अन्त में 7 मई, 1874 को ज्योतिराव के घर में ही इस विवाह का आयोजन हुआ। ब्राह्मण पुरोहित के बगैर विवाह कैसे होता है, यह देखने के लिए प्रेक्षकों की भारी भीड़ इकट्ठा हुई थी। ज्योतिराव के दलित अनुयायी भी विवाह में शामिल हुए। विवाह में कम-से-कम खर्च किया गया। अतिथियों को केवल पान-सुपारी दी गई। यह था ज्योतिराव का आदर्श। जो आम आदमी के भीतर रचने-बसने लगा था।

ज्योतिराव की इन गतिविधियों तथा कार्यक्रमों के माध्यम से शूद्रों में चेतना की लहर दौड़ गई। अनेक नवशिक्षित तरुण सत्यशोधक समाज की ओर आकर्षित होने लगे। इस दौरान कृष्णराव पांडुरंग भालेकर नामक एक तरुण सत्यशोधक समाज के सदस्य बने, जो बाद में समाज के प्रमुख नेता के रूप में उभरे। 1874 के प्रारम्भ में अपने मित्रों के आग्रह पर ज्योतिराव ने बम्बई की यात्रा की। वहाँ उन्होंने अनेक सभाओं में भाषण दिए तथा लोगों से ब्राह्मणों की गुलामी से मुक्त होने के लिए अनुरोध किया। बम्बई में सत्यशोधक समाज की शाखाएँ खोली गईं। बम्बई में तेलुगु माली समाज की एक बस्ती थी, जिसे कमाठीपुरा कहते थे। वह कमाठीपुरा सत्यशोधक समाज की गतिविधियों का मुख्य केन्द्र बना। यहाँ ज्योतिराव को तेलुगु माली समाज के दो सहयोगी मिले—पी. रजन्ना लिंगु और रामय्या व्यंकय्या एय्यवारु। बम्बई में अनेक लोगों ने समाज की विभिन्न गतिविधियों के लिए दान दिया। सत्यशोधक समाज के कार्य की अनेक सामाचार-पत्रों ने सराहना की। संस्था का प्रथम वार्षिकोत्सव भारी उत्साह के साथ मनाया गया।

अब नित्य नियमों से समाज की साप्ताहिक बैठकें होने लगीं। समाज ने पूना में अपना कार्यालय स्थापित किया। सितम्बर, 1875 में वार्षिक सभा में ज्योतिराव ने अपनी घोषित नीति के अनुसार, सत्यशोधक समाज के अध्यक्ष का पदभार अपने सहकारी डॉ. वी.बार. घोले को सौंपा। डॉ. घोले गवली समाज से सम्बन्धित थे और उन दिनों असिस्टेंट सर्जन के पद पर कार्यरत थे। मई, 1876 में समाज ने एक वाद-विवाद स्पर्धा का आयोजन किया। समाज ने पूना के पास हडपसर में एक पाठशाला खोली। जल्द ही हडपसर सत्यशोधक समाज की गतिविधियों का केन्द्र बन गया। इस प्रकार सत्यशोधक समाज अभीष्ट की प्राप्ति की ओर अग्रसर होने लगा।

सत्यशोधक समाज के तीसरे वार्षिक सम्मेलन प्रतिवेदन के प्रथम पृष्ठ पर कबीर का निम्नलिखित दोहा प्रकाशित किया गया था—

जाति न पूछो साधु की, पूछ लीजिए ज्ञान।
मोल करो तलवार की, पड़ा रहन दो म्यान॥

सत्यशोधक समाज ने होनहार विद्यार्थियों के लिए छात्रावास खोलना, प्रौढ़ शिक्षा हेतु रात्रि पाठशालाओं की व्यवस्था करना, भाषण और निबन्ध प्रतियोगिताओं का आयोजन करना आदि कार्यों को उत्तरोत्तर बढ़ावा दिया। ज्योतिराव ने **12 अप्रैल, 1877** को सत्यशोधक समाज के सचिव की हैसियत से ज्ञानोदय में विज्ञापन दिया जिसमें भाषण का विषय था—'हिन्दुस्थान में बार-बार अकाल पड़ता है। जिसमें शूद्र लोग ही सबसे पहले भूखों मरने लगते हैं। इसके कारण क्या हैं? और वे किन उपायों से दूर किए जा सकते हैं?'

भूखे और नंगे समाज के लोगों के बीच उनके द्वारा दिया गया व्यावहारिक दर्शन था। कोई भी विपत्ति आए, उसमें बहुजन समाज का आदमी ही सदियों से शिकार क्यों होता रहा है? इस चिन्तन की गूँज दूर-दूर गई। उसी समाज के लोग सोचने लगे। इस दुनिया में उनका कोई रहनुमा तो है। उनके भीतर सवाल-दर-सवाल उभरने लगे। पूना और बम्बई ही नहीं बम्बई प्रेसिडेंसी के अलावा भी अन्य राजे-रजवाड़े तथा रियासतों में रहनेवाले बहुजन समाज में हलचल पैदा हुई थी। जैसे ठहरे हुए पानी में तरंगें पैदा होती हैं, ऐसे ही उनकी सुप्त भावनाएँ भी उद्वेलित हुई थीं। उन्हें जैसे ज्योतिराव के आह्वान से ऊर्जा मिली थी। वे स्वयं भी अपने अधिकारों के प्रति सजग हो गए थे। पूजा-पाठ, धर्म-कर्म, हवन-सामग्री, व्रत-तीर्थ स्थान, गायत्री-मंत्र, मंगलवार-शनिवार आदि का विश्लेषण करने लगे थे। आँखें मीचकर पंडित-पुरोहितों की बातों को मानना उन्होंने बन्द कर दिया था।

सत्यशोधक समाज संगठन परम्परावादियों के लिए चुनौती के रूप में उभरा और उससे जुड़े सदस्य सनातनी लोगों के धार्मिक पाखंड में अड़चन बनने लगे। धार्मिक व्यापार बन्द होने लगा था। संगठन में बहुजन समाज के कुछ सदस्य सरकारी कर्मचारी भी थे और वे ब्राह्मण अधिकारियों के अधीन काम कर रहे थे। कोई चपरासी था तो कोई बाबू। इसके आगे तब तक ब्रिटिश सरकार की नौकरियों में वे शामिल नहीं हुए थे। समाज में तो वे हाशिये पर थे ही, प्रशासनिक तंत्र में भी वे हाशिए पर थे। गुलामी के दौर में वे गुलामों के गुलाम थे। उच्च अधिकारियों में पहला नम्बर ब्राह्मणों का था तो दूसरा कायस्थों का। यहाँ तक कि ईसाइयों के बाद आई.सी.एस. में भी वही थे। मुस्लिम अधिकारी गिने-चुने थे। अंग्रेज अधिकारियों के साथ कुलश्रेष्ठ भी लाट साहब कहलाते थे।

आए दिन समाज-सुधार, सभा-सम्मेलन चर्चा का विषय बनने लगे थे। शूद्र समाज के बीच जागृति आने लगी थी। ग्यानू मल्हार ने बड़ी मेहनत से लगभग 50 लोगों को सत्यशोधक समाज का सही उद्देश्य समझाकर सदस्य बनाया। वे प्रभावशाली कार्यकर्ता थे। उनके पास लोग अपनी समस्याएँ लेकर आते थे। बदलाव की बयार चलने लगी थी और हाशिए के लोग केन्द्र में आने के लिए प्रयासरत थे। यह सब सनातनी लोगों को भला क्यों सहन होता? इसी कारण से सत्यशोधक कार्यकर्ताओं को ब्राह्मण अधिकारियों ने परेशान करना आरम्भ कर दिया। एक दिन ग्यानू मल्हार अपने सरकारी कार्यालय पहुँचा जहाँ वह चपरासी के पद पर कार्यरत था। वहीं कार्यरत खरे, जो बाबू था, ने उसे देखकर कहा—

'क्यों बे झगड़े।'

सवर्ण उन्हें इसी नाम से पुकारते थे। सुनकर ग्यानू मल्हार ने धीरे से कहा—

'बाबू साब, मेरा नाम झगड़े नहीं है ग्यानू मल्हार है।'

खरे का स्वर फिर लापरवाही से उभरा—

'हाँ, हाँ, तेरा नाम चाहे जो हो, पर तू ऑफिस में झगड़ा बहुत करता है और काम भी नहीं करता। जैसा नाम वैसी ही तेरी आदत है।'

सुनकर वह बोले बिना नहीं रह सका। उसने जवाब में कहा—

'बाबू साब, मैं कौन-सा झगड़ा करता हूँ और किससे झगड़ता हूँ और काम तो जो आप कहते हैं, वह सब मैं करता ही हूँ।'

तभी उसे डपटते हुए खरे बोले—

'बस-बस रहने दे।'

अब ग्यानू मल्हार भला क्या जवाब देता। उसने आगे कुछ कहना चाहा। लेकिन ब्राह्मण बाबू ने डाँट दिया। और उसे ही नहीं बुरा-भला कहा, बल्कि जात में भी दो-तीन कसीदे टाँक दिए।

उसी दिन शाम होते-होते तुरता-फुरती में छोटे बाबू ने बड़े बाबू से ग्यानू मल्हार की शिकायत कर दी। बड़े बाबू भी ब्राह्मण थे। दो-चार बातें उन्होंने भी अपनी तरफ से शिकायती पत्र में जोड़ दीं। बड़े बाबू के ऊपर कार्यरत सेक्शन ऑफिसर भी ब्राह्मण, वह भी भला कहाँ सहन कर पाता कि ब्राह्मणों से कोई शूद्र सवाल-जवाब करने की हिम्मत करे। एक शूद्र के खिलाफ शिकायत-पत्र का यह तीसरा चरण था। जिसमें हर बार कुछ न कुछ जुड़ा। स्थिति इतनी विकट हो गई कि एक-दो दिनों में ही ग्यानू की नौकरी चली गई। शूद्र को तब अपील करने का कोई अधिकार भी

नहीं था। अगर कोई दलित जैसे-तैसे अदालत में अपनी अर्जी दाखिल भी कर देता तो उसे अदालत में प्रवेश का अधिकार भी नहीं था। उसे बाहर खड़ा कर वकील उसकी परेशानी भीतर बैठे जज को बतलाता था।

नौकरी छूट जाने पर ग्यानू सीधे घर आ गया। परेशानियों ने उसे चारों तरफ से घेर लिया था। किससे अपनी परेशानी बताए?

ज्योतिराव को पता चला तो वे स्वयं उसके घर गए। पूना में ही उसका घर था। घर क्या एक टूटी-फूटी झोंपड़ी थी। पत्नी तथा दो बच्चे। किसी तरह गुजारा हो जाता था। अब नौकरी चली गई तो क्या होगा, बच्चों की परवरिश कैसे होगी? ग्यानू की घरवाली का रो-रोकर बुरा हाल था। ज्योतिराव से देखा नहीं गया। उनके साथ स्वयं सावित्रीबाई तथा दो साथी और थे। ग्यानू ने जैसे ही कुछ कहना चाहा, उसकी आँखें भर आई थीं। भरे गले से शब्द उभरे—

'ज्योतिराव जी, मुझे मालूम न था। ऐसा काम मेरा बाबू करेगा।'

ज्योतिराव बोले—

'मुझे मालूम था।'

सुनकर ग्यानू के साथ सभी चौंक पड़े।

ग्यानू के मुँह से सहसा निकला—

'क्या। ज्योतिराव जी आपको मालूम था कि मेरे साथ ऐसा होगा?'

ज्योतिराव पुन: बोले—

'हाँ ग्यानू, मुझे मालूम था, तेरे साथ ऐसा होगा।'

कुछ पल ठहरकर वे फिर से बोले—

'पर तेरी तो इसमें कोई गलती थी नहीं। तूने तो अच्छा ही काम किया। और जो अच्छा काम करता है उसे कीमत चुकाने के लिए भी तैयार रहना चाहिए।'

ग्यानू के शब्द बाहर आए—

'मैं तैयार हूँ ज्योतिराव जी।'

'शाबाश,' कहते हुए ज्योतिराव ने सावित्रीबाई से कहा—

'सावित्रीबाई, लाओ तो जरा गिलट का एक रुपया।'

सावित्री ने तुरन्त अपने बटुए से निकालकर जैसे ही एक रुपया उनकी ओर बढ़ाया, उन्होंने कहा—

'ले लो ग्यानू एक महीने की पगार।'

यह सब देखकर ग्यानू हतप्रभ हो गया। वह उनके पाँवों पर गिरना चाहता था।

ज्योतिराव ने उसे पकड़ते हुए कहा—

'ग्यानू हिम्मत मत हारना। संघर्ष करना और आगे बढ़ना।'

कुछ पल उनके बीच चुप्पी रही। ग्यानू की पत्नी ने भी यह सब देखा तो उसे अच्छा लगा। उसने आगे बढ़कर ज्योतिराव तथा सावित्रीबाई दोनों के पाँव छुए। चलते हुए ज्योतिराव बोले—

'देख ग्यानू, कल तक तू अंग्रेज सरकार का नौकर था आज से समाज का सेवक है।'

बीच में ही ग्यानू ने कहा—

'मैं तो आपका भी सेवक हूँ ज्योतिराव जी। आपने वह काम कर दिखलाया जो कोई नहीं कर सकता।'

'नहीं ग्यानू, आदमी आदमी का सेवक नहीं होता। वह बात अलग है कि कोई भक्तिभाव से किसी के लिए काम करता है। सेवक आदमी समाज का ही होता है।'

'मैं धन्य हो गया ज्योतिराव जी।'

'ठीक, अब मैं चलता हूँ। आज से तेरी तथा तेरे परिवार की हर जिम्मेदारी मेरे सर।'

तभी वे पीछे मुड़े। एक पल ठहरे और बोले, 'ग्यानू जी, तुम्हारे जैसे हिम्मती साथी दस-बीस भी मिल जाएँ तो न अत्याचार रहेगा और न अत्याचारी।'

कोई व्यक्ति हो या आन्दोलन, लोगों को उसके बारे में समझने के लिए समय तो लगता ही है। ज्योतिराव के द्वारा धार्मिक और सामाजिक बदलाव के लिए जो आन्दोलन की शुरुआत हुई थी, उसका समाज पर प्रभाव तो पड़ना ही था। लोगों को अच्छे-बुरे की समझ होने लगी थी। सदियों से उनकी आँखों पर जो पर्दा पड़ा हुआ था, वह हटने लगा था।

झिकोबा नाम के एक सज्जन ने समाज की लड़कियों में शिक्षा का बढ़ावा देने हेतु कपड़ा भेंट किया। अन्य लोगों ने भी पढ़नेवाली लड़कियों को कई तरह के पुरस्कार दिए। समाज के अनेक सदस्यों ने मूर्खतापूर्ण धार्मिक रिवाज बन्द किए, जैसे भादों मास में हरतालिका लेना, भाद्रपद शुक्ल पक्ष की चौथ का मतलब गणेश चतुर्थी का उत्साह, ऋषि पंचमी, भाद्रपद वद्य पक्ष में उस बहाने ब्राह्मण को सीधा देकर उसके पाँवों की पूजा करके उसके अँगूठे का तीर्थ अपने उद्धार के लिए लेना और फाल्गुनी शुक्ल पक्ष 15 को जिस दिन होलिका दहन होता है, उसका त्योहार करके शंखनाद करना आदि। इसी तरह गणपतिराव राजाराम फुले ने अपनी

माता के दशपिंड में ब्राह्मणों को नहीं बुलाया। गणपत तुकाराम ने अपनी दादी का पिंडदान बगैर ब्राह्मणों के ही किया। इसी तरह नारायणराव तुकाराम नगरकर ने अपनी भाभी का अन्तिम संस्कार बगैर ब्राह्मण बुलाए किया। सत्यशोधक समाज संगठन के माध्यम से गाँव-गाँव और कस्बे-कस्बे में चेतना आ रही थी। पूना शहर की बस्तियों में सभाएँ होने लगी थीं। चेतना के स्वर तेजी के साथ उभरने लगे थे।

ज्योतिराव का बालाजी पाटिल के विरुद्ध ग्रामयाचक का मुकदमा बम्बई हाईकोर्ट में चल रहा था। एक दिन वे एक बग्घी में सवार होकर कोर्ट की ओर जा रहे थे। नारायणराव लोखंडे, आनन्दराव तालचेरकर और यशवन्तराव मणेरीकर साथ में थे। उन्होंने देखा कि गाजे-बाजे के साथ एक शोभा-यात्रा रास्ते में जा रही है। उनके भीतर जिज्ञासा उभरी। जिज्ञासा इतनी अधिक हुई कि उन्होंने बग्घी को रुकवाया और उतरकर शोभा-यात्रा में शामिल एक व्यक्ति से उत्सुकता के साथ पूछा—

'यह कैसी शोभा-यात्रा है?'

जवाब में उसी व्यक्ति ने बताया, 'एक धनी माँ अपनी पुत्री का विवाह आज भगवान से कर रही है, जिससे कि उसे स्वर्ग की प्राप्ति हो सके।'

सुनकर ज्योतिराव दंग रह गए। उन्होंने कहा—

'आनन्दराव, इस देश में यह क्या हो रहा है? स्वयं माँ-बाप ही भगवान और धर्म के नाम पर अपनी बेटियों को नरक में धकेल रहे हैं।'

सुनकर आनन्दराव बोले—

'ज्योतिराव जी, जब तक समाज मूढ़ बना रहेगा, तब तक ऐसा ही चलता रहेगा।'

ज्योतिराव का पुनः स्वर उभरा—

'पर कब तक?'

थोड़ी देर तक चुप्पी रही। तभी आनन्दराव का सवाल उभरा—

'ज्योतिराव, इस प्रथा को रोकने के लिए क्या आप कुछ नहीं कर सकते?'

सुनकर फुले बोले—

'कर क्यों नहीं सकते?'

उसी समय ज्योतिराव ने बग्घी वाले को पुलिस अधीक्षक के कार्यालय चलने को कहा। पुलिस अधीक्षक अंग्रेज थे। उस समय वे कार्यालय में नहीं थे। पर ज्योतिराव को तो उन मूर्ख लोगों के बारे में कुछ करना ही था। अतः वे उनसे मिलने उनके बँगले पर पहुँचे। फुले ने पुलिस अधीक्षक को बताया कि इन दिनों बम्बई में भगवान की मूर्ति के साथ मन्दिरों में विवाह कराकर लड़कियों को देवदासी बनाने की प्रथा

जोर-शोर से प्रचलित है। ये देवदासियाँ भगवान के नाम पर व्यभिचारी पुरुषों की भोगदासियाँ बनकर वेश्या बना दी जाती हैं। बाद में यही कन्याएँ वेश्यालय की अँधेरी दुनिया में भी पहुँच जाती हैं। जहाँ से फिर कभी भी वे अपने घर वापस नहीं लौट पातीं। बस इधर-उधर भटकते हुए उनका जीवन बीत जाता है। इस तरह पूरी जिन्दगी वे शोषण की चक्की में पिसती हैं।

सुनक्र पुलिस अधिकारी ने कहा—

'देखिए ज्योतिराव जी। हम पुलिस विभाग से जितना कुछ कर पाते हैं, करते हैं। लेकिन दिक्कत यही है कि हिन्दू लोग बार-बार यही कहते हैं कि हम विशेष रूप से ईसाई पुलिस अधिकारी हिन्दू धर्म के खिलाफ कार्य कर रहे हैं।'

तभी ज्योतिराव बोले—

'मैं जानता हूँ। कुछ धूर्त और चालाक लोग कानून से बचने के लिए ऐसा ही करते हैं। लेकिन सभी हिन्दू तो ऐसे नहीं हैं। हिन्दुओं में प्रगतिशील भी तो हैं।'

तभी अधिकारी ने जवाब दिया—

'पर, ऐसे प्रगतिशील हिन्दू बहुत ही कम हैं।'

ज्योतिराव ने भी तपाक से कहा—

'अच्छे आदमी किसी भी देश में हों, कम ही होते हैं। मुझे बताओ, क्या आपके देश में सभी अच्छे हैं?'

फुले की बात सुनकर कुछ पल अधिकारी मौन रहे। ज्योतिराव ने बात ही ऐसी कह दी थी। वह सीधी-सादी बात कहाँ थी, जैसे उन्होंने ब्रिटिश साम्राज्य पर सवाल टाँक दिया था। अधिकारी जवाब भी दे तो क्या दे? अन्त में उन्हें कहना पड़ा—

'ज्योतिराव जी, आप तो सब कुछ अच्छी तरह से समझते हैं। फिर भी मैं कोशिश करूँगा कि आज के बाद ऐसी घटनाएँ न हों।'

1877 में एक ऐसी ही वाद-विवाद स्पर्धा आयोजित की गई। जिसका विषय काल्पनिक था कि इंग्लैड की महारानी विक्टोरिया भारत यात्रा पर आई हैं। किसी गाँव में उनसे अछूत मिलते हैं और अपनी आपबीती महारानी को सुनाते हैं। इस कार्यक्रम से समाज पर प्रभाव तो पड़ा ही और जुल्म क्यों होता है, इस पर भी सोचने के लिए लोग प्रेरित हुए।

इसी बरस देश में भयंकर अकाल पड़ा। लाखों लोग दाने-दाने को मोहताज हो गए। लोग पेड़ों के पत्ते और छाल खा-खाकर पेट भरने की कोशिश कर रहे थे। पर पत्ते और छाल खाकर कितने दिन जीवन चल सकता था। वे तड़प-तड़पकर मर

रहे थे। ज्योतिराव ने बचाकर रखे कुछ पैसों से ऐसे समय अकाल राहत के लिए पूना के पास धनकवड़ी नामक गाँव में एक अन्नसत्र खोला। उस अन्नसत्र में रोज सुबह-शाम कमजोर बालकों को ज्वार-बाजरे की रोटियाँ और दाल या साग दिया जाता था। यह सब खाने हेतु 200 से अधिक बच्चे नित्य आते थे। उनकी भूख ही नहीं मिटती थी बल्कि उनका जीवन भी बचता था। बाद में इनकी संख्या बढ़ने लगी, लेकिन ज्योतिराव तथा उनके साथियों ने हिम्मत नहीं हारी।

ज्योतिराव के इस अकाल राहत अन्नसत्र के आयोजन में रामसेठ उरवणे, हरि रावजी चिपलूणकर और पूना नगरपालिका के स्वास्थ्य अधिकारी शिवप्पा ने भी सहयोग किया था। उक्त अन्नसत्र छह माह तक चला। यही नहीं, ज्योतिराव ने अकाल में सहायता करने हेतु पूना, बम्बई एवं अन्य शहरवासियों का आह्वान भी किया जो 'ज्ञान प्रकाश' में 24 मई, 1877 में प्रकाशित हुआ।

ज्योतिराव ने लिखा था—

पूना, बम्बई आदि शहरों के मेहरबान सदस्यों से नम्र निवेदन!

समाज के आदेश के अनुसार, आप लोगों को नम्रतापूर्वक यह सूचित किया जा रहा है कि समाज के द्वारा 'विक्टोरिया बालाश्रम' की स्थापना की गई है। अकालग्रस्त लोग अपने बाल-बच्चों को घरों पर ही छोड़कर जाने लगे हैं और उसी के परिणामस्वरूप इन्दापुर, मिरज और तास गाँव की ओर के बेसहारा लोग बाल-बच्चों को लेकर एकत्रित हुए हैं। उन लोगों को कभी-कभी दो-दो, तीन-तीन दिन तक अनाज का एक दाना भी नसीब नहीं होता है, भूख से तपड़ते रहना पड़ता है, इसलिए अब उनके शरीर पर केवल हड्डियाँ बची हैं। कपड़े-लत्तों के बिना वे इतने बेहाल हैं कि उनका यहाँ पूरी तरह से ब्योरेवार जिक्र करने में मुझे बड़ी पीड़ा होती है। इसलिए इस सूचना के माध्यम से आप सभी दयालु सज्जनों से निवेदन है कि अपनी सामर्थ्य के अनुसार कुछ-न-कुछ मदद भेजने की जल्दी की तो इसका मतलब यही होगा कि आप लोगों ने इस समय अपना फर्ज अदा करके बड़ी मेहरबानी की है।

आपका नम्र
ज्योतिराव फुले
(सत्यशोधक समाज, सचिव)
17 मई, 1877 ई.

ज्योतिराव के निवेदन से शहर के सेठों/साहूकारों/जमींदारों और ब्रिटिश शासन से मोटी पगार लेनेवालों पर प्रभाव तो पड़ा पर उतना नहीं। लेकिन ऐसे संकट के समय कुछ दयावान लोगों ने मदद तो की। ज्योतिराव सन्तुष्ट थे। बहुत न सही, थोड़ा तो हुआ। समाज रूढ़ नहीं, परिवर्तनशील होता है।

विष्णुशास्त्री चिपलूणकर रत्नगिरी की सरकारी माध्यमिक शाला में अध्यापक थे। मराठी भाषा पर उनका अच्छा अधिकार था। अध्यापक पद से त्याग-पत्र देकर सन् 1879 में वे पूना आए थे। बाल गंगाधर तिलक और गोपाल गणेश आगरकर के सहयोग से चिपलूणकर ने एक अंग्रेजी स्कूल आरम्भ किया। बाद के दौर में अध्यापकी करते-करते उनका मन उचट गया। उनके मन में कुछ नया करने की रुचि थी। वे किताबखाना, निबन्धमाला पत्रिका आदि के कार्यों से जुड़े। पर थे वे पक्के परम्परावादी। उन्हें पेशवाशाही से घनिष्ठ लगाव था। वे हमेशा उनका झूठा गौरव-गान करते रहते थे। ब्राह्मण-पुरोहिती और शोषक व्यवस्था के गुणगान करते हुए वह नहीं अघाते थे। हिन्दू धर्म और परम्पराओं की आलोचना को वे सहन नहीं कर पाते थे। ऐसे समय वे उग्र हो उठते थे। ज्योतिराव पर भी अपनी लेखनी से उन्होंने कई बार वार किया था। उनकी लेखनी में आवेश और द्वेष झलकता था। चिपलूणकर द्वारा बार-बार निन्दा किए जाने पर भी ज्योतिराव उसके साथ अच्छा ही व्यवहार करते थे और इसका कारण यह था कि वे उनके सहयोगी रहे कृष्णशास्त्री चिपलूणकर के पुत्र थे। ज्योतिराव ने जब ब्रितानी सरकार से शिक्षा के बारे में सुधार का अनुरोध किया तब उन्होंने सरकार को सूचित किया था कि यदि चिपलूणकर के अंग्रेजी स्कूल को सहायता दी जाए तो वे अच्छी प्रगति करेंगे।

परम्परावादी कहें या सनातनी, बहुत ही जिद्दी स्वभाव के होते थे। वे अपनी मिथ्या जाति श्रेष्ठता के सीमित दायरे में कैद होकर रहना पसन्द करते थे। एक बार चिपलूणकर बम्बई में भयंकर रूप से बीमार हो गए। ज्योतिराव को जैसे ही खबर मिली उन्होंने अपने सहयोगी डॉ. विश्राम रामजी घोले को उनके इलाज हेतु बम्बई भेजा। जब डॉ. घोले चिपलूणकर को देखने गए तो वे बेहोश थे। होश में आने पर जब उन्होंने डॉ. घोले को देखा तो उखड़ गए और कहा, 'मैं आपके हाथ से दवा नहीं लूँगा, जहर खाकर मरना पसन्द करूँगा।' ऐसी थी परम्परावादियों की जीवनशैली।

सर्वहारा वर्ग के जीवन तथा उनके व्यवसाय की परिस्थितियों को सुधारने में फुले हमेशा आगे रहते थे। साहित्य-निर्माण से इतर व्यावहारिक रूप में वे उनके करीब थे। एक सब्जी मंडी के निर्माण करने के प्रस्ताव पर 1880 में चर्चा करते

हुए उन्होंने सुझाव दिया कि बेताल की नई सब्जी मंडी में दुकानदारों को दुकानें आवंटित कर उनसे केवल 4 आना मासिक किराया वसूल किया जाए।

नगरपालिका के सदस्य के रूप में कार्य करते समय ज्योतिराव की निर्भीक कार्यप्रणाली का परिचय देनेवाली एक घटना घटी। तत्कालीन गवर्नर जनरल लार्ड लिंटन पूना शहर की यात्रा करनेवाले थे। इस अवसर पर शहर को सुशोभित करने के लिए एक हजार रुपये खर्च करने का नगरपालिका के अध्यक्ष का इरादा था। समय के अभाव के कारण इस खर्च की मंजूरी के लिए नगरपालिका की बैठक बुलाने के बजाय अध्यक्ष महोदय ने एक सूचना पत्र के द्वारा सदस्यों की मंजूरी प्राप्त करनी चाही। लगभग सभी सदस्यों ने इस खर्च की मंजूरी देते हुए पत्र पर हस्ताक्षर किए। ज्योतिराव के मित्र हरी रावजी चिपलूणकर भी उनमें शामिल थे। परन्तु ज्योतिराव अकेले होकर भी नहीं डगमगाए। उन्होंने इस खर्च का विरोध करते हुए पत्र पर हस्ताक्षर नहीं किए।

उन्होंने कहा कि हमारे जैसे गरीब देश में सजावट करने के लिए इतनी बड़ी रकम खर्च करना उचित नहीं। उसके बजाय यही रकम पिछड़ी जाति के लोगों की शिक्षा पर खर्च की जाए तो अच्छा होगा। ज्योतिराव के सकारात्मक विरोध का असर भी हुआ। बजट की रकम कम कर दी गई। लोक कल्याण के कार्य में सरकार का विरोध करने से भी ज्योतिराव घबराते नहीं थे। यह घटना नवम्बर, 1880 की है।

ज्योतिराव ब्राह्मणशाही के विरोधी थे, ब्राह्मणों के नहीं। उन्होंने ब्राह्मणवाद की आलोचना की, उनके पाखंडों का पर्दाफाश किया किन्तु ब्राह्मणों से मानव के नाते द्वेष नहीं किया। उनके कई ब्राह्मण मित्र भी थे। ब्राह्मण सुधारकों के साथ मतभेद होते हुए भी, उन्होंने लोकहितवादी गोपाल हरि देशमुख तथा महादेव गोविन्द रानडे की, कर्मकांडी ब्राह्मणों से रक्षा की थी। ऐसी ही एक घटना बाल गंगाधर तिलक के सम्बन्ध में भी घटी। सामाजिक विचारों में तिलक धुर प्रतिगामी तथा सनातनीवादी थे। इस क्षेत्र में वे अपने आपको विष्णुशास्त्री चिपलूणकर के अनुयायी मानते थे, जिन्होंने ज्योतिराव की निरन्तर आलोचना तथा भर्त्सना की थी।

सन् 1881 के जनवरी महीने में विष्णुशास्त्री चिपलूणकर, बाल गंगाधर तिलक तथा गोपाल गणेश आगरकर, इन तीनों ने मिलकर 'केसरी' मराठी साप्ताहिक तथा 'मराठा' अंग्रेजी साप्ताहिक समाचार-पत्र शुरू किए। आगरकर 'केसरी' के सम्पादक थे तो तिलक 'मराठा' के सम्पादक बने। दोनों पत्रिकाओं में अधिकतर अंग्रेजी शासन की आलोचना की जाती थी। उन्हीं दिनों कोल्हापुर रियासत में राजगद्दी के

मसले को लेकर कोई विवाद चल रहा था। कोल्हापुर के राजकुमार शिवाजी राव पागल हो गए हैं, ऐसी भ्रान्ति फैलाकर उनके ब्राह्मण दीवान माधवराव बर्वे वास्तव में राज कर रहे थे। कोल्हापुर तथा पूना में इस विषय को लेकर काफी तनाव था और अनेक सभाओं में राजकुमार को किसी नए पालक की देख-रेख में रखने की माँग की जा रही थी।

केसरी तथा मराठा साप्ताहिकों में आगरकर और तिलक दोनों ने बर्वे के विरुद्ध अनेक लेख लिखे। इससे क्रुद्ध होकर, बर्वे ने केसरी-मराठा तथा उनके सम्पादकों पर मानहानि का दावा किया। आगरकर और तिलक को गिरफ्तार किया गया। तब ज्योतिराव ने अपने मित्र रामूसेठ उर्वने से तिलक की जमानत लेने का अनुरोध किया। उर्वने सेठ ने तिलक की दस हजार रुपयों की जमानत ली। ज्योतिराव ने अपने मित्र से कहा कि तिलक के सामाजिक विचार कुछ भी हों, परन्तु इस समय तिलक न्याय और सत्य की लड़ाई लड़ रहे हैं। इसलिए हमें उनका साथ देना चाहिए।

हर सामाजिक विषय पर ज्योतिराव अपना मत प्रकट करते थे। चाहे वह सरकारी क्षेत्र का मामला हो या प्राइवेट। अंग्रेजी सरकार उनसे नाराज हो जाए, उन्हें इसकी चिन्ता नहीं होती थी। कुछ दिनों के बाद उन्होंने फिर एक बार नगरपालिका में सरकार का विरोध किया। यह विरोध सरकार द्वारा शहर में शराब की नई दुकान खोलने के विषय को लेकर था। हालाँकि कुछ भारतीय सदस्य सरकार की शराब नीति से सहमत थे।

प्राथमिक शिक्षा के महत्त्व को रेखांकित करते हुए ज्योतिराव ने लिखा, 'सरकार की शिक्षा नीति के परिणामस्वरूप सभी सरकारी अधिकारी पद ब्राह्मण वर्ग की बपौती बन गए हैं। सरकार यदि सचमुच ही जन-कल्याण की बात सोचती है तो उसे यह दोष दूर करना चाहिए। दूसरी जातियों के थोड़े-थोड़े लोगों की नियुक्तियाँ करके दिनोंदिन ब्राह्मणों के इस एकाधिकार को सीमित करना चाहिए। कुछ लोग कहेंगे कि वर्तमान स्थिति में यह सम्भव नहीं है, लेकिन हमारी राय है कि यदि सरकार उच्च शिक्षा की ओर थोड़ा अधिक ध्यान दे और प्राथमिक शिक्षा का यथोचित प्रबन्ध करे तो अच्छी नीति और बर्ताव वाले कुछ लोग नौकरियों के लिए तैयार किए जा सकेंगे। सवर्ण वर्गों के लोग अपनी ऊँची शिक्षा का प्रबन्ध स्वयं ही करेंगे।'

तत्कालीन समाज में शिक्षा की दयनीय स्थिति का खाका खींचते हुए ज्योतिराव ने लिखा, 'सरकार शिक्षा के लिए विशेष कर लेती है, लेकिन यह देखकर बड़ा दुख होता है कि जिस प्रयोजन के लिए यह पैसा लिया जाता है, उसके लिए वह

खर्च नहीं किया जाता। बम्बई प्रान्त में प्राथमिक शिक्षा की स्थिति ठीक नहीं है। प्राथमिक पाठशालाओं को उचित उपकरणों की आपूर्ति नहीं की जाती। अनुमान है कि गाँवों में रहनेवाले लगभग 10 लाख बालक प्राथमिक शिक्षा से वंचित हैं। उनके बच्चों को शिक्षा न मिल पाने से वे गरीब ही रहते हैं और स्वावलम्बन के अभाव में वे सुविधासम्पन्न शिक्षित वर्ग पर ही निर्भर रहने के आदी हो जाते हैं। उनमें से कुछ ही लोगों के बालक प्राथमिक और माध्यमिक पाठशालाओं में पाए जाते हैं, लेकिन वे पाठशाला में ज्यादा दिन टिक नहीं पाते। उनके अभिभावक दरिद्रता से पीड़ित होते हैं, जिसके कारण उन्हें अपने पशुओं को चराने और कृषि का काम करने के लिए इन बालकों की आवश्यकता होती है। ऐसे बालक पाठशाला छोड़कर चले न जाएँ, इसके लिए कम-से-कम बारह वर्षों तक के बालकों के लिए प्राथमिक शिक्षा अनिवार्य कर दी जाए।'

दलितों के लिए अलग पाठशालाओं की वकालत करते हुए उन्होंने लिखा, 'पाठशालाओं में अतिशूद्र जातियों के छात्रों के साथ भेदभाव किया जाता है और उन्हें ऊँची जातियों के छात्रों के पास बैठने नहीं दिया जाता। सरकार ने उनके लिए अलग पाठशालाएँ खोली तो हैं, लेकिन ऐसी पाठशालाएँ सिर्फ बड़े नगरों में हैं...अतः जिन गाँवों में अतिशूद्रों की संख्या ज्यादा है, वहाँ उनके लिए अलग पाठशालाएँ खोली जाएँ।'

भारतीय समाज प्रगति पथ पर अग्रसर हो। जो पिछड़ गए, वे आगे आएँ। इन्हीं सब सामाजिक और आर्थिक बदलाव के लिए ज्योतिराव अलग-अलग माध्यमों से शासन और प्रशासन से रू-ब-रू होते रहते थे। इसी बारे में भी उन्होंने पत्र लिखा।

उनका मार्मिक पत्र लोगों को सोचने पर मजबूर कर रहा था कि जिन लोगों की ओर से सभी मनुष्य समाज के मानवीय अधिकारों के सम्बन्ध में वास्तविकता के आधार पर सही सोच-विचार नहीं किया जाता। वैसे लोगों द्वारा आयोजित सभाओं से, सम्मेलनों से और उनके द्वारा लिखी गई किताबों के आशय से हमारी सभाओं का और किताबों का कोई तालमेल ही नहीं है, क्योंकि उनके पुरखों ने धर्मग्रंथों में हम लोगों पर बदले की भावना से लिख करके रखा है। इसके बारे में उनके प्राचीन खल्लड़ ग्रंथ गवाही दे रहे हैं। इसी की वजह से हम शूद्रादि-अतिशूद्रों को कितनी कठिनाइयाँ, आपत्तियाँ और परेशानियाँ बर्दाश्त करनी पड़ीं और आज भी बर्दाश्त करनी पड़ रही है। यह उन ग्रंथकारों को और बड़ी-बड़ी सभाओं में, सम्मेलनों में अतिथि के रूप में जाकर भाषणबाजी करनेवालों को, जो स्वयं कुछ न करते हुए

औरों को उपदेश देते हैं, इतना ही नहीं, वे अपने पेंशनदाता सरकार के बनाए हुए कागज के नोटिस पत्र को उँगली से छूने में भी अपवित्र समझते हैं। पर विचित्र बात है कि वे पेंशन भी लेते हैं। क्या ऐसे ही आर्य ब्राह्मण इस अभागे देश की तकदीर बदलनेवाले हैं?

खैर, अब आगे हम शूद्र लोग उन लोगों की बातों में आनेवाले नहीं हैं जो हमें फुसलाकर लूट करके खाते हैं। उनके साथ मिलने से हम शूद्रादि-अतिशूद्रों का बिलकुल भी कल्याण नहीं है। अब हम लोगों को अपने लिए खुद गम्भीर रूप से सोच-विचार करना होगा। सचमुच में उन लोगों को यदि सभी लोगों की एकता करनी हो तो उन्हें वह बुनियादी सिद्धान्त खोजना चाहिए जो सभी मानवी समाज में आपस में गहरी, कभी न टूटनेवाली एकता, भाईचारा कायम करनेवाला हो। उन सिद्धान्तों और विचारों को किताब के रूप में प्रकाशित भी करना चाहिए। इस भयंकर स्थिति में आँखें बन्द करके रहना उचित नहीं है। इसके बाद भी आप लोगों की मर्जी है।

पूना में 24 मई, 1885 को मराठी लेखकों का द्वितीय वार्षिक सम्मेलन सम्पन्न हुआ। जिसमें अधिकांश ब्राह्मण लेखक थे। ज्योतिराव को भी निमंत्रण-पत्र मिला। इस पर उन्होंने रानडे को पत्र लिखकर कहा कि हमारी पुस्तकों एवं लेखों से इस सम्मेलन का क्या सम्बन्ध है?

ज्योतिराव का यह पत्र ज्ञानोदय में 11 जून, 1885 को प्रकाशित हुआ। लोगों ने उस समय अनुभव किया कि साहित्य की लगभग सभी विधाओं में सामान्य समाज का चित्रण नहीं होता था। तत्कालीन साहित्य में पौराणिक विषयों के साथ शासक वर्ग और उच्च जातियों की सांस्कृतिक गरिमा का बढ़ा-चढ़ाकर वर्णन किया जाता था।

ज्योतिराव छत्रपति शिवाजी के बहुत बड़े प्रशंसक थे। जून, 1869 में उन्होंने शिवाजी के गौरव गीत के रूप में एक पँवाड़ा लिखा था। वह आठ भागों में था। उसमें शिवाजी के जीवन, शौर्य तथा पराक्रम का सुन्दर वर्णन है। स्वयं ज्योतिराव के अनुसार, दुनिया के तमाम देशों के इतिहास को एक-दूसरे से मिलाकर देखा जाए तो केवल भारत में ही यह देखने को मिलेगा कि ब्राह्मण नाम की एक जाति ने अपने-आपको बड़े अहंकार से उच्चतम घोषित किया। उन्होंने कुनबी, प्रभु (कायस्थ), माली, मातंग और महार आदि जाति के लोगों को अपने सनातन शत्रुओं की तरफ नफरत से देखा है। और उन्होंने 'दूसरों को न छुओ और न छूने दो' का रिवाज शुरू कर दिया। यह पँवाड़ा उन्होंने प्रकाशित भी कराया था जिसे परमहंस सभा के अध्यक्ष राव रामचन्द्र बालकृष्ण की पुण्य-स्मृति में समर्पित किया था। 'पँवाड़ा

छत्रपति शिवाजी राजा भोसले का' के प्रारम्भ में दिए गए अभंग से ज्योतिराव के मन में शिवाजी के प्रति जो भाव थे, वे स्पष्ट हो जाते हैं—

अति महाप्रतापी क्षत्रियों का पुत्र
यवनों का कालकल्प त्रेतायुग में।
स्वभाव से शूर जंग में लड़ाई
जूझता रहा बेहिसाब देश के लिए।
परशुराम टकराया महाबली
इक्कीस बार लगातार।
ऐसे महावीर को कहते महाअरि
धाक से थर्राते द्विजपुत्र।
छपरी छुओ मत जब पराजित हुए हो
कहो महार, मातंग उसे।
डरपोक बदला लेता पराजित शत्रुओं का
पूत कृतघ्नी साँप जैसा।
चिरजीवी है लाओ न्योता देकर
देखो परखकर जोतिबा के सामने।

उनके सामने सामाजिक कार्य चुनौती के रूप में था। वर्तमान के साथ अतीत को भी वे भूलना नहीं चाहते थे। ऐसे अतीत को जिसमें विरोधाभास से भरे चित्र थे। उन्होंने परशुराम के बारे में भी गीत लिखे। जिसने क्षत्रियों को पराजित कर दुर्बल बनाया और विदेशी हमलावरों के लिए रास्ता प्रशस्त किया। उन्होंने मुसलमान हमलावरों पर भी बेबाक गीत लिखे—

काबुल को छोड़ा। नदियों को पार किया।
रखता था दाढ़ी। हिन्दुओं का दमन किया॥
ब्राह्मणों की बाँह मरोड़ी।
शिवलिंग फोड़ा। मन्दिर तोड़ा॥
मूर्तियाँ फोड़ीं। गुफाओं को छेड़ा॥
गौमांस खाते। सुअरों को बिखेरते।
देशों को रौंदा। जेजूरी पर झंडा॥
भौंरों को उड़ाते। सीधा करते॥

मूर्ति उखाड़ते। काबुल भेजते।
पेड़ों को कटवाते। खेड़ों को लुटवाते।
किलों को घेरते। सीढ़ी से चढ़वाते॥
हिन्दू को पीटते। धर्म को दोषते॥
राजा को बेड़ी। खाल उधेड़ी॥
सिर कटवाते। श्मशान भिजवाते॥
देवल तुड़वाते। महल बँधवाते॥
उड़ाते घोड़ी। मन की गांठि॥
अकड़ बड़ी। ताजी खड़ी।
बुरका हटाते। स्त्री को सताते॥
गानों में रँगते। थैलियाँ लुटवाते॥
माताबोध मन में जगा नफरत हुई यवनों से।
निश्चय किया फिर लड़ने का उनसे॥
तान्हाजी मालुसरे बाजी फसलकर का।
प्यार था पेशजी क्षत्रिय का॥
दोस्तों को साथ रखा फौज इकट्ठा की सभी लड़ैतों की।
कमी नहीं थी हथियारों की॥
बड़ी चतुराई से जीत लिया किला तोरण का।
फहराया झंडा हिन्दुओं का॥
राजगढ़ नया बनाया ऊँचा पहाड़ों का।
डर गया मन में बीजापुर का॥

उनके द्वारा छत्रपति शिवाजी का पँवाड़ा अर्थात वीरगाथा लिखने के पीछे उनका उद्देश्य यह था कि कुनबी, माली, महार, मातंग आदि जिन क्षत्रियों को रसातल में ढकेलकर मटियामेट कर दिया था, उनमें आत्मसम्मान जगाना और उन्हें जाग्रत करना था कि वे उठें और फिर से संघर्ष करें।

ज्योतिराव के मन में शिवाजी के प्रति अपार श्रद्धा थी। कई वर्षों से वे रायगढ़ के दर्शन करना चाहते थे। मन में इच्छा बलवती हो तो सब कुछ सम्भव हो ही जाता है। और एक दिन मोरो विट्ठल, परांजपे, ससाणे तथा लहुजी सालवे साथियों के साथ वे निकल पड़े रायगढ़ को देखने जो शिवाजी के शौर्य का प्रतीक बना

था। जिसने शिवाजी के सम्मान को बढ़ाया था। रायगढ़ जाकर वहाँ बिखरे पड़े गौरवशाली इतिहास को खोजने की इच्छा के सामने उन्होंने अपनी बढ़ती उम्र की भी चिन्ता नहीं की। कहीं घोड़ागाड़ी से तो कहीं पैदल चलते हुए वे आते-जाते लोगों से बतियाते भी थे। वे सामन्त तो थे नहीं और न ही कोई रियासतदार जो पालकी में बैठे होते और कहार उन्हें ढोते। वे तो समाज के निचले हिस्से पर प्रस्थापित और संघर्षरत थे। आखिरकार अपने जीवन के ढलान के दिनों में पहाड़ी रास्तों से ऊपर चढ़ते हुए रायगढ़ जा पहुँचे।

रायगढ़ पहुँचकर उन्हें दुखद आश्चर्य हुआ कि वहाँ न कोई सड़क थी, न कोई बस्ती। चारों ओर जंगली घास, झाड़-झंखाड़ और कँटीले पेड़ों का साम्राज्य था। उन्होंने सुना था कि शिवाजी की समाधि पर पूजा करने के लिए एक पुजारी आता था। वहाँ के दृश्य को देखकर वे नहीं समझ सके कि वह पुजारी कैसे और कहाँ से आता होगा? वहाँ की स्थिति तो गवाही दे रही थी कि बहुत दिनों से वहाँ कोई नहीं आया था। दूर-दूर तक कोई पक्षी भी नजर नहीं आता था। आकाश के बीच सिर्फ सूरज। परिवेश में गर्मी थी। वे साथ में पानी ले गए थे। प्यास लगती तो पी लेते।

ज्योतिराव उत्सुकता से पूरे पठार पर घूम-घूमकर देखने लगे। द्वार से प्रवेश करते ही उन्होंने गंगासागर झील, मंत्रणा स्थान, भग्न राजभवन, रनिवास आदि की पहचान की। वे घंटों इधर-उधर घूमते रहे। उनके चित्त को चैन नहीं था। वे किसी सैलानी के रूप में यहाँ तक नहीं आए थे बल्कि उनके भीतर का शोधार्थी उन्हें यहाँ खींच लाया था। अतीत का गौरवशाली इतिहास उनके भीतर जद्दोजहद कर रहा था कि ज्योतिराव तुम्हें रायगढ़ के किले के भीतर और बाहर के परिवेश में फैले रणकरणों तथा रणभेरी को महसूस करना है। महसूस ही नहीं उन्हें आत्मसात भी करना है। उनके कानों में वह सब गूँज रहा था जिसका आह्वान शिवाजी के सैनिक दुश्मन की सेना को परास्त करने के लिए करते थे। उनकी आँखों के सामने इतिहास के चित्र तैर रहे थे।

काफी थक गए थे वे। इसलिए वहीं एक पत्थर पर बैठ गए। बैठे हुए विचार करने लगे कि लोगों को न इतिहास पुरुषों की चिन्ता है और न ही इतिहास में रुचि। कई घंटों की खोजबीन के बाद पूर्वी दिशा में उन्हें व्यवस्थित ढंग से रखे हुए कुछ पत्थर नजर आए। ज्योतिराव समझ गए कि वही शिवाजी की समाधि है। उन्होंने नत-मस्तक होकर वीर शिवाजी को सबसे पहले अपने श्रद्धा सुमन अर्पित किए।

शिवाजी की समाधि की दुर्दशा देखकर ज्योतिराव को असीम पीड़ा हुई। उनकी आँखों से आँसू छलछला उठे। उनके मुख से कुछ शब्द निकले, 'हिन्दू स्वराज की नींव डालनेवाले पराक्रमी पुरुष की समाधि की ऐसी दुर्दशा? कहाँ गए हिन्दू साम्राज्य की विरासत ढोनेवाले? कहाँ गए हिन्दू धर्म के नाम पर अलख जगानेवाले?' समाधि के इधर-उधर फैले पत्थरों को उन्होंने इकट्ठा किया। बड़ी मुश्किल से पानी खोजकर लाए। अंजुलि में पानी लेकर उन्हें धोया और करीने से चुना। और अन्त में नजदीक ही उगी जंगली झाड़ी से दो-चार फूल तोड़कर उनकी स्मृति में श्रद्धापूर्वक उन पत्थरों पर अर्पित किए।

इस उपक्रम में ज्योतिराव के साथ स्थानीय लोग भी थे। वे सभी बहुजन समाज से थे। उसी समय पुजारी भी वहाँ आ पहुँचा। जो निकट के गाँव में ही कहीं रहता था। उसने कुछ लोगों को वहाँ बैठे देखा। समाधि को भी देखा। जो पहले से कहीं साफ-सुथरी लग रही थी। आसपास उगे जंगली पौधों का नामोनिशान उसे नजर नहीं आया। पहली नजर में उसने यह सब देखा तो उसे अच्छा लगा।

फिर उसके मन में विचार आया। ये ब्राह्मण तो नहीं लगते। कभी उन्हें देखा भी नहीं। उसके भीतर से सवाल उभरे कि फिर ये कौन हैं? हो न हो, शूद्र ही हैं। समाधि पर पूजा-अर्चना देख और समझकर उसके भीतर क्रोध भर आया। उसका जातिगत क्रोध जैसे बाहर फूट पड़ा—'तुम लोगों ने कुनबी शिवाजी के पत्थर के चबूतरे को देवता बना दिया। यह तो अनर्थ हो गया। और वह भी मुझे दक्षिणा दिए बिना ही।' कहते हुए उसने धृष्टता से अपने पाँव से समाधि पर अर्पित फूलों को बिखेर दिया। ज्योतिराव तथा उनके साथियों को उस ब्राह्मण के इस तरह के व्यवहार को देखकर अच्छा न लगा। उनके एक साथी ने उसे मारने के लिए हाथ उठाया ही था कि ज्योतिराव ने मना करते हुए कहा—

"नहीं, इसे माफ कर दो मित्र। गलती इसकी नहीं है बल्कि हमारी रगों में पीढ़ी-दर-पीढ़ी से जो द्वेष बह रहा है, गलती वहाँ है। इसके भीतर जाति-भेद की ज्यादा सड़ाँध है, इसलिए यह अधिक उफन रहा है।"

ज्योतिराव की बात सुनकर वह पुजारी साँप की तरह फुफकारते हुए चला गया। धर्म से अधर्म और अधर्म से अनीति। कैसा विरोधाभास था। गले में जनेऊ पहने और कन्धे पर रामनामी चादर डाले पंडितों/पुरोहितों का? उसके जाने के बाद ज्योतिराव बोले—

'मित्रो, वह तो चला गया, लेकिन ब्राह्मणवाद की दुर्गंध अपने पीछे छोड़ गया।

हम उसे मार-पीटकर तो खत्म नहीं कर सकते। यह दुर्गंध तो सारे देश में फैली हुई है। हमें अपनी मेहनत से अपने-आपको योग्य बनाकर उस मानसिकता को परास्त करना है। याद रखो, हिंसा का उपयोग कभी भी नहीं करना है।'

निश्चित ही वह दिन उनके लिए महत्त्वपूर्ण दिन था। जिस प्रतापी राजा को देखा नहीं, उसके बिखरे साम्राज्य से रू-ब-रू होने का अवसर आज मिला। इतिहास पुरुष शिवाजी की समाधि पर श्रद्धा-सुमन चढ़ाने के बाद वे रायगढ़ की पहाड़ी से धीरे-धीरे नीचे उतरे।

ज्योतिराव ने सन् 1883 में किसानों की समस्याओं पर मराठी में एक पुस्तक लिखी 'शेतक याचो सूड' यानी 'किसान का कोड़ा'। जब बैल ठीक से काम नहीं करते तब किसान कोड़े या चाबुक का उपयोग करता है। किसानों की अशिक्षा और अज्ञान का लाभ उठाकर उन्हें लूटनेवाले और बेकार की कहानियाँ सुनाकर उन्हें ठगनेवाले लोगों को कोड़े लगाने का कार्य इस कृति ने किया। ज्योतिराव ने अंग्रेजी सरकार को भी यह सन्देश देकर सावधान किया कि यदि वह किसानों का शोषण करना बन्द न करेंगी तो उस पर भी कोड़ा चलाना होगा। इस किताब के दो प्रकरण 'दीनबन्धु' अखबार में प्रकाशित हुए। ज्योतिराव ने अंग्रेजी शासन को भी जो कोड़े लगाए थे, उस कारण भय से 'दीनबन्धु' के सम्पादक नारायण मेधाजी लोखंडे ने ज्योतिराव के क्रान्तिकारी विचारों को प्रकाशित करने से मना कर दिया।

लेकिन ज्योतिराव की लेखनी को कौन रोक सकता था। उन्होंने किताब पूरी की। उसकी प्रस्तावना में लिखा—

"शूद्र किसान आज जो इतनी दीन-हीन दशा को जा पहुँचा है, उसके अनेक धार्मिक तथा राजनीतिक कारण हैं। उनमें से कुछ थोड़े कारणों की विवेचना करने की दृष्टि से यह प्रस्तुत पुस्तक लिखी गई है और यही इसका उद्देश्य भी है। एक तो धर्म में आडम्बर दूसरे सरकारी विभागों में ब्राह्मण-कर्मचारियों की बहुतायत और प्रभाव, फिर यूरोपियन कर्मचारियों तथा अधिकारियों का ऐश-आराम में डूबे रहना, इन सारे कारणों से शूद्र खेतिहर किसान ब्राह्मण-कर्मचारियों द्वारा अड़ंगा लगानेवालों से अपना बचाव कर सकें, यह इस ग्रंथ के लेखन का यही उद्देश्य भी है। इसी कारण इस ग्रंथ का नाम 'किसान का कोड़ा' रखा गया है।

"किसान कहने से उनके तीन भेद ध्यान से आते हैं। पहला केवल खेतिहर किसान अथवा कुनबी, दूसरा माली और तीसरा धनगर (गड़रिया)। यह तीन भेद होने के कारण अगर खोजे जाएँ तो दिखाई देता है कि जो मूल निवासी लोग केवल

खेती करके निर्वाह करते थे, वे 'कुलवाड़ी' या कुनबी हुए। जो खेती के काम के साथ-साथ बागबानी करने लगे। वे माली और जो यह दोनों काम करते-करते अन्य भेड़-बकरियाँ भी पालने लगे, वे धनगर हुए। इस प्रकार भिन्न-भिन्न व्यवसायों के कारण पहले यह तीन भेद हुए होंगे, किन्तु बाद में इन्हें तीन भिन्न जातियाँ ही माना जाने लगा है।

"इन दिनों इन जातियों के बीच बेटी व्यवहार नहीं होता था, हाँ रोटी-सम्बन्धादि थोड़ा-बहुत हो रहे थे। इससे प्रतीत होता है कि यह लोग (कुनबी, माली और धनगर) पहले एक ही शूद्र किसान जाति के रहे होंगे। आगे जाकर इन तीन जातियों के लोग अपने मूल व्यवसाय-किसानी को छोड़कर विवश होकर और उदर निर्वाह के लिए विविध प्रकार के काम-धन्धे करने लगे। जिनके पास थोड़ी-बहुत हिम्मत रही, वे अपनी खेती सँभाले बैठे हैं। उनमें अधिकतर निरक्षर रहे पर देव-धर्म के प्रति भावुक हैं, नंगे-उघड़े और भूखे-कंगाल हैं, फिर भी किसान ही बने रहे हैं और जिनका कोई चारा ही न रहा, वे देश छोड़ जिधर गुजारा निभ जावे, उस ओर चल पड़े—जाकर कोई घास-फूस का व्यापार करने लगे तो कोई लकड़ी या कपड़े का।

"इसी प्रकार कोई ठेकेदारी तो कोई नौकरियाँ करने लगे और अन्त में पेंशन पाकर शान दिखाते फिरते हैं। ऐसी रीति से पैसा जमा करके जमीन-जायदाद जोड़ लेते हैं, परन्तु उनके बाद उनके छैल-छबीले छोकरे, जिन्हें विद्या से कुछ लेना-देना नहीं, उस सम्पत्ति को फूँक-उड़ा देते हैं और 'बाबू के भाई दरवेशी' बनकर अपने बाप के नाम पर दे दादा, दे रे दाता, पुकारते हुए पेट के लिए मारे-मारे फिरते हैं। कइयों के पूर्वजों ने सिपाहीगिरी तथा समझदारी के बल पर जागीरें, इनाम आदि पा लिए थे, तब कई शिंदे, होलकर जैसे सरदार तो जानो दूसरे राजा ही बन बैठे थे। परन्तु उनके आज के वंशज अनपढ़, अज्ञानी होने के कारण अपनी जागीरें या इनाम की जमीनें गिरवी रखकर या बेच-बाच कर कर्ज में ऐसे डूबे हैं कि कइयों के तो रोटी के भी लाले पड़े हैं। अधिकांश इनामदारों-जागीरदारों को पता ही नहीं कि उनके पूर्वजों ने कैसी बहादुरी दिखाई है, कैसे-कैसे संकट झेले हैं—वे लोग बस मुफ्त का माल उड़ाते हैं। अनपढ़ होने के कारण दुष्टों और लुच्चों की संगत में फँसकर रात-दिन ऐश-आराम में और व्यसनों में गले तक डूबे हैं। जिनकी जागीरें गिरवी न हों या जिन्हें कर्ज ने न दबा रखा हो, ऐसा जागीरदार तो विरला ही होगा।

"सच तो यह है कि जब तक उनकी बुद्धि में से 'ब्राह्मणों मम दैवतम्' यह पागलपन नहीं निकल जाता, तब तक कितना ही माथा पीट लिया जाए, व्यर्थ ही होगा।

"अस्तु संसार के सारे देशों के इतिहास का एक-दूसरे से मिलाप करने से यह दिखाई देगा कि यहाँ के अनपढ़ और धर्म-श्रद्धालु शूद्र किसानों की दशा अन्य देशों के किसानों की तुलना में बहुत निकृष्ट, पशुओं की दशा से भी बुरी दशा में जा पहुँची है। यह पुस्तक अंग्रेजी, संस्कृत तथा देशी-भाषाओं की अनेक पुस्तकों के आदर पर तथा आज के अज्ञानी शूद्रादि-अतिशूद्रों की दीन-दशा को देखकर लिखी गई है, यह कहने की तो आवश्यकता ही नहीं है। इन आधारों के बिना तो इसकी रचना ही सम्भव न हो पाती।

"इस पुस्तक में मैंने अपनी अल्पबुद्धि के अनुसार जो भी खोजपूर्ण बातें लिखी हैं, उसमें हमारे बुद्धिमान पाठकों को जो भी दोष दिखाई देवें, वे कृपया मुझे क्षमा कर केवल गुण लेश को स्वीकार करें, ऐसी उनसे मेरी विनती है तथा यदि उनके देखने में कोई भाग अनुचित अथवा असत्य प्रतीत होता हो, अथवा इस पुस्तक की पुष्टि के लिए उन्होंने कोई प्रमाणादि (ग्रंथाधार) सुझाने हों तो वे समाचार-पत्रों द्वारा हमें सूचित करें तो कृतज्ञतापूर्वक उनका आभार मानते हुए हम दूसरे संस्करण के समय उन सुझावों पर अवश्य उचित विचार करेंगे।"

'शेतक याचो सूड' ने बड़ौदा के महाराज सयाजीराव गायकवाड़ का ध्यान भी आकर्षित किया। उन्होंने दिसम्बर, 1881 में बड़ौदा की राजगद्दी सँभाली थी। उसके कुछ दिन बाद पूना जाने पर उनसे ज्योतिराव की मुलाकात हुई थी। ज्योतिराव के द्वारा शूद्र-अतिशूद्र प्रजा के कल्याण कार्य से वे बहुत प्रभावित हुए थे। अप्रैल, 1883 में ज्योतिराव बड़ौदा गए। तब सयाजीराव महाराज ने अपने सारे राजकीय कामकाज के बीच से कुछ समय निकालकर उनकी इस पुस्तक के कुछ पृष्ठ अत्यन्त प्रसन्नतापूर्वक तथा प्रेमभाव में भरकर उनसे सुने। महाराज ने उदारतावश द्रव्य की सहायता देकर उनका आदर-सत्कार भी किया, ज्योतिराव ने उन्हें पुस्तक की हस्तलिपि भेंट की। दूसरी बार दिसम्बर, 1884 में बड़ौदा गए। अपने विचार रखे। अन्य से मुलाकातें हुईं। बाद में महाराजा ने राजमहल में ब्राह्मणों को खिचड़ी बाँटने की प्रथा बन्द कर दी। इसके लिए ज्योतिराव उनका बहुत ही आभार जताया।

वंगणी, माली का कुरूल आदि ग्रामों-नगरों के अनेक शूद्र सज्जनों ने यह ग्रंथ ज्योतिराव के मुख से कई बार सुना तथा उन्होंने अपने हस्ताक्षरों सहित इस विषय पर अभिप्राय उनके पास लिखवाकर भेजा कि इस पुस्तक में वर्णित बातें सत्य हैं।

किसानों का भाग्य प्रकृति की सनक पर अवलंबित होता है, इसलिए उनके खेतों को पानी की आपूर्ति सुनिश्चित करने की आवश्यकता का महत्त्व ज्योतिराव

ने जाना था। इसके उपाय-स्वरूप उन्होंने सुझाव दिया कि भूमि पर गिरनेवाली पानी की हर बूँद को रोक रखने के लिए सरकार को चाहिए कि वह स्थान-स्थान पर ताल-तलैया, बाँध बनाने का कार्यक्रम बनाए और उसे कार्यान्वित करे।

प्रत्येक श्रावण मास की 'नागपंचमी' के दिन कठबैद, मांत्रिक या सँपेरे जीते-जागते साँप की टोकरियाँ बगल में दबाकर किसानों के गलियों-मुहल्लों में 'नाग को दूध पिलाओ' पुकार लगाते हुए पैसा इकट्ठा करते फिरते हैं। 'नागाय दक्षिणां समर्पयामि' पुकार लगाते हुए पैसा इकट्ठा करते फिरने का यह परम्परागत सुनहरा मौका था ब्राह्मण-पंडितों का, परन्तु हाय! वह छीन लिया मांत्रिकों-सँपेरों ने। ब्राह्मण-पंडितों ने इस अधिकार के छीने जाने के विरुद्ध उन मांत्रिकों-सँपेरों पर नुकसान-भरपाई के लिए मुकदमा नहीं चलाया, यह तो ठीक हुआ, परन्तु फिर भी पत्थर का या मिट्टी का साँप बना उसकी पूजा कराकर ब्राह्मण-पंडित अज्ञानी किसानों से दक्षिणा ले ही लेते हैं।

सारे देश में पहले घमासान लड़ाइयों में जो मनुष्य-हत्याएँ होती थीं, वे अब अंग्रेज सरकार की शासन-व्यवस्था के कारण बन्द हो गईं। पहले होनेवाली चढ़ाइयाँ, धावे, हमले और शिकार की घटनाएँ भी बन्द हो गईं। इससे कुल सारे लोगों की शूरवीरता समाप्त हो गई। राजा-महाराजाओं के 'भगोड़ी बाई' बनकर दिन में पीत वस्त्र पहन, देवपूजा में लीन रहने से और रात्रि में निरर्थक सन्तानोत्पत्ति में डूबे रहने से यहाँ की जनसंख्या में बढ़ोतरी हो गई। इस कारण सारे किसानों में भाई-भाई के बीच बँटवारे के इतने हिस्से हो गए कि कइयों को खेत के केवल आठ-आठ या दस-दस पाँत की जोत में हल चलाकर अपना गुजारा करना पड़ रहा है। ऐसे आठ या दस पाँतों में बीज बोने के मालिक किसानों में एक या दो बैल रखने की ताकत कहाँ से आए? सो वे अपनी खेती पास-पड़ोस के खेतिहर को अधहिस्सा से या बटाई से दे, अपने बाल-बच्चों, परिवार को साथ ले किसी दूसरे गाँव में मेहनत-मजदूरी करके पेट भरने को चले जाते हैं।

वे लोग चोकर की रोटी के साथ जिस नमक को लगावन बनाकर खाते हैं, उससे नमक पर भी सरकार ने भारी-भरकम चुंगी लगा दी है। इसी प्रकार नहरें बनवाई गई हैं ताकि किसान के खेत को भरपूर पानी मिला करे, ताकि उसकी खड़ी फसल बची रहे और पेट भर रोटी और तन भर कपड़ा मिलता रहे। ऊपर से देखने पर यही उद्‌देश्य नजर आता है, परन्तु भीतर का हेतु यह कि उनके अपने देश के भाई-बन्द यूरोपियन इंजीनियर-कर्मचारियों को बड़ी-बड़ी तनख्वाहें मिलती

रहें, यूरोप के साहूकारों को ढेरों ब्याज मिलता रहे, उसका कर्ज भारत के माथे मढ़ दिया जाए। उस विदेशी कर्ज में से लाखों रुपये खर्च करके जगह-जगह नहरें बनाई गई हैं। उन नहरों के पानी की कीमत अनपढ़ किसानों से मनमाने ढंग से वसूल की जाती है, परन्तु उनके खेतों को ठीक समय पर सिंचाई का पानी मिला करे, ऐसी कोई व्यवस्था सरकारी कर्मचारियों द्वारा की जाती है क्या? क्योंकि यह इरिगेशन विभाग के लापरवाह यूरोपियन इंजीनियर अपने सारे काम तो ब्राह्मण कर्मचारियों को सौंप देते और आप खस की टट्टी के भीतर बेगम साहिबा के साथ ऐश-आराम करते।

'कोड़े' का तीसरा भाग लिखकर जब पूरा हुआ था, उसके अगले दिन तीसरे पहर एक साधु ज्योतिराव के घर के आँगन में रखी बेंच पर आ बैठा। वह भगवे कपड़े धारण किए था। उसके गले में तुलसी माला थी, बम्बई नगरी का निवासी वह एक शूद्र जाति का कबीरपंथी साधु था, बड़ी बकबक करता था। वह पंढरपुर के चक्कर लगानेवाला साधु था। ज्योतिराव के एक आदमी ने जब उन्हें यह बतलाया तो उन्होंने तुरन्त बाहर आकर उससे पूछा, 'क्यों बाबाजी, आपने इधर पधारने का कष्ट क्यों किया और आपकी क्या इच्छा है, कह दें तो मुझे बहुत सन्तोष मिलेगा।'

बाबाजी—'आपको ही ज्योतिराव फुले कहते हैं क्या?'

'हाँ, इसी देह को ज्योतिराव फुले कहते हैं।'

'अच्छा, थोड़ी कुछ अंग्रेजी पढ़ जाने के कारण आप हिन्दू होकर भी आजकल हिन्दू धर्म का धिक्कार किया करते हैं। इसलिए हिन्दू धर्म के मुख्य चार वेद ईश्वरीय कार्य हैं अथवा क्या हैं, इस विषय में अपने मन में निश्चय करने के इरादे से मैं यहाँ आया हूँ।'

'हिन्दू धर्म के वे चार वेद क्या आपने अपनी आँखों से कहीं देखे हैं?'

'हाँ, वे चार वेद मैंने एक ब्राह्मण के घर में स्वयं अपनी आँखों देखे हैं।'

'वे ग्रंथ ईश्वर ने स्वयं लिखे हैं, इस बारे में आप कोई विश्वसनीय प्रमाण दे सकते हैं क्या?'

'इस बारे में तो ब्राह्मणों के गपोड़ों के सिवाय दूसरा कोई विश्वसनीय प्रमाण नहीं है।'

'अच्छा, ठीक है। पहले यह कहिए कि ईश्वर का कोई आकार है अथवा नहीं?'

'ईश्वर का आकार कहाँ से होगा? वह निराकार परमात्मा है।'

'तो फिर निराकार ईश्वर ने चार वेद कैसे रच दिए?'

'इस बारे में ब्राह्मण लोग ही आपको उत्तर देंगे। यह तो उनकी बात उन्हीं से पूछें, तो ठीक होगा।'

'दूसरी बात यह कि क्या ईश्वर ने कुल सारे मानव प्राणियों का उद्धार करने के लिए चार वेद रचे हैं, अथवा कुछ और बात है?'

'हाँ, ईश्वर ने कुल सारे प्राणियों का उद्धार करने के लिए चार वेद रचे हैं।'

'तीसरी बात यह कि ईश्वर ने वेदों की रचना किस भाषा में की है?'

'ईश्वर ने चारों वेदों की रचना संस्कृत भाषा में की है।'

'चौथी बात यह कि आज के युग में इस भूमंडल के चारों खंडों सहित कुल सारे द्वीपों में रह रहे लोगों को संस्कृत भाषा आती है क्या?'

'आज के युग में इस भूमंडल के बहुत थोड़े से ही विकसित प्रदेशों के लोगों को संस्कृत भाषा का अर्थ समझ आता है।'

'इसलिए यह सिद्ध नहीं होता कि ईश्वर ने कुल सारे मानव प्राणियों के उद्धार के लिए चार वेद बनाए हैं। क्योंकि इस भूमंडल में सैकड़ों प्रकार की भाषाएँ बोलने वाले लोग हैं। उनमें से अधिकांश देशों के लोगों को संस्कृत भाषा कतई नहीं आती। वे लोग चार वेदों से अपना उद्धार कैसे करें, इस बारे में आपका क्या कहना है?'

ज्योतिराव ने 'किसान का कोड़ा' में स्पष्ट किया कि दुनिया के तमाम देशों का इतिहास एक-दूसरे से तुलना करके देखने पर यह निश्चित रूप से दिखाई देगा कि भारत के अनपढ़, भोले-भाले शूद्र किसानों की स्थिति अन्य देशों के किसानों से बदतर है। वे पशु से भी बुरी स्थिति में हैं। उनका मानना था कि पहली श्रेणी के लोग अपने खोखले बड़प्पन के कारण और दूसरी श्रेणी के लोग अपने दुर्भाग्य के कारण शूद्र किसानों से कट गए हैं। किसान का सजीव चित्रण करते हुए उन्होंने लिखा है—

बन्दर पर लँगोटी। दौड़ते हैं हल के पीछे
एक कमली के अलावा। सोने को दूसरा कुछ नहीं स्त्रियों को।
छाछ-कनियों से भरते हैं जो पेट। वे धन्य हैं इस संसार में
वस्त्रों की होती है कमी। चिपकते हैं एक-दूसरे से
सरकारी पट्टी नेक। साबका पेड़ तीन शिखा वाले से
ऋणपत्र लिखता है ब्राह्मण। निर्दयी मारवाड़ी का भाट
अज्ञानी कुछ समझता नहीं। पटवारी जो है लिखता
वकील होता है खर्चीला। न्यायाधीश को दया नहीं
जहाँ पाप-पुण्य कुछ नहीं। सब स्वार्थ के दादाभाई।

ज्योतिराव ने धार्मिक पहलुओं का जिक्र करते हुए लिखा कि ईसाइयों का एक ही धर्मग्रंथ बाइबिल है और मुसलमानों की कुरान, परन्तु हिन्दुओं का ऐसा कोई धर्मग्रंथ नहीं है। शूद्र किसानों को तो यह भी मालूम नहीं है कि उनका धर्म कौन-सा है? वे अज्ञानवश ब्राह्मण के पाँव के अँगूठे से पवित्र बना पानी पीते हैं, धातुओं की मूर्तियाँ पूजते हैं। गायों, सर्पों, तुलसी और भूतों की पूजा करते हैं। सरकार को चाहिए कि वह किसानों के बच्चों को अनिवार्य प्राथमिक शिक्षा दे।

बम्बई महाराष्ट्र के नवविचारों का आद्य केन्द्र था। पुणे अब भी पेशवाशाही की छाया में सुस्ताने के कारण रूढ़िवादी और परम्परावादी था। इसके विपरीत अंग्रेजों को पुर्तगालियों से उपहार में मिली हुई बम्बई नगरी अधिक मुक्त, व्यवहारी थी।

महाराष्ट्र में कोई शूद्र नदियों, तालाबों के किनारे कपड़े धोता हो और वहाँ पर कोई ब्राह्मण आ जाए, तो शूद्र को अपने सारे कपड़े इकट्ठा करके ऐसी जगह पर जाकर धोना पड़ता है जहाँ से ब्राह्मण के शरीर पर एक छींटा भी न पड़े। अछूत की हालत तो और भी बदतर थी। ब्राह्मण पर उसकी छाया भी न पड़े, इसकी सावधानी उसे बरतनी पड़ती। अत: सुबह और शाम जब छाया लम्बी पड़ती है, तब अस्पृश्यों को सड़क पर चलना मुश्किल होता था।

उस काल में महाराष्ट्र में अधिकतर खेती वर्षा पर निर्भर थी। अत: बीच में वर्षा के धोखा देने पर किसान के लिए कर्ज का भुगतान करना मुश्किल हो जाता था। ब्रिटिश सरकार भी पूर्णतया साहूकार के पक्ष में थी। इसके कारण कर्जदार की बहुत बुरी हालत होती थी।

रूढ़ियाँ, जातिभेद, अस्पृश्यता, उत्तराधिकार का नियम सभी कुछ धर्म के अनुसार था।

शिक्षा उच्च वर्ग से निम्न वर्ग तक पहुँचेगी—फुले इस विचार के विरुद्ध थे। उनका कहना था कि शिक्षा प्राप्त करना सवर्णों की बपौती नहीं। शिक्षा तो सभी को एक साथ मिलनी चाहिए।

जहाँ सवर्णों की बस्ती होती थी, वहाँ कुछ शिक्षाशास्त्री स्कूल चलाते थे। इन पाठशालाओं में संस्कृत, व्याकरण, विधि, चिकित्साशास्त्र, ज्योतिष, वेद, अलंकार और धर्मशास्त्र जैसे नियम पढ़ाए जाते थे।

किसानों और शूद्रों की दुर्गति का मुख्य कारण अशिक्षा ही था। यह सचाई महसूस करते हुए ज्योतिराव ने कहा—

विद्या बिना मति गई
मति बिना नीति गई
नीति बिना गति गई
गति बिना वित्त गया
वित्त बिना शूद्र टूटे
इतने अनर्थ
एक अविद्या ने किए।

ज्योतिराव ने एक नाटक रचा—'तृतीय रत्न' यह मराठी भाषा का प्रथम सामाजिक नाटक है, जिसके कथोपकथन सरल, स्वाभाविक और आशयपूर्ण है। इस नाटक में घटनाओं और पात्रों की सीमाएँ सीमित हैं। इसके पात्रों में एक कुनबी औरत, उसका पति, विदूषक, ब्राह्मण जोशी (पुरोहित) और उसका भाई पादरी और मुसलमान हैं। एक पुरोहित गाँव में घूमते हुए एक कुनबी औरत को देखता है, जो गर्भवती है। उस समय उसका पति घर पर नहीं है। इसी बीच महिला मंत्रों का उच्चारण सुनकर भिक्षा हाथ में लेकर बरामदे में आती है। जोशी मामूली भिक्षा देखकर अप्रसन्न होते हुए कहता है—

'मेरे जैसे ब्राह्मण के लिए भिक्षा लेकर आने वाली क्या तुम्हीं हो?'

महिला जवाब में बोली—

'क्यों महाराज? क्या हुआ? क्या यह भिक्षा नहीं है? मैं गरीब-निर्धन हूँ। मेरे पति को पूरे माह में केवल चार रुपये मिलते हैं।'

तभी जोशी कहता है—

'बहन यह भिक्षा नहीं है, ऐसा कौन कहेगा? लेकिन इस भिक्षा से मेरा पेट कैसे भरेगा? और फिर तेरे कल्याण की मैं कामना कैसे करूँगा?' वह उसे ज्योतिष को माध्यम बनाकर डराने लगता है। वह उस औरत से कहता है, 'तुम्हारी मकर राशि है और मकर राशि का शनि तुम्हारे बच्चे के लिए घातक होगा।'

कुनबी स्त्री डर जाती है और पूछती है, 'महाराज इससे बचने का कोई उपाय?'

पुरोहित कुनबी दम्पती को धर्मसम्मत विधि समझाता है, 'मैं तुम्हारी तरफ से प्रार्थना और पूजा करूँगा। तुम हर शनिवार को मारुति की मूर्ति पर आकर के फूलों

और पत्तों की माला चढ़ाओ। श्रावण मास में 23 ब्राह्मणों को भोजन कराओ और जप-तप के लिए ब्राह्मणों को आमंत्रित करने का संकल्प करो।'

कुनबी दम्पती पुरोहित की बातों में फँस जाता है। पुरोहित उनसे रुपये ऐंठकर अपने ही घर पर ब्रह्मभोज का आयोजन करता है, जिसमें सभी उसके निकट के सम्बन्धी होते हैं। भोज के बाद सभी ब्राह्मण कुनबी दम्पती को आशीर्वाद देने हेतु मारुति मन्दिर में एकत्रित हो जाते हैं। उनके मंत्रघोष की आवाज सुनकर एक पादरी भी वहाँ पहुँच जाता है। सारा माजरा समझकर पादरी कुनबी पुरुष से कहता है, 'मूर्ति पूजा सच्ची ईश्वर उपासना में बाधक है। इससे अन्धविश्वास बढ़ता है। भोले-भाले लोगों को ये पुरोहित धर्म और ज्योतिष की आड़ में ठगते हैं। जब तक वे लोग पढ़-लिख नहीं लेते तब तक न तो इस बात को समझ सकते हैं और न ही अन्धविश्वास से ऊपर उठ सकते हैं।'

ज्योतिराव का सन्देश स्पष्ट था। उन्होंने नाटक को एक सकारात्मक परिणति पर समाप्त किया। नाटक के अन्त में पति पत्नी से कहता है, 'अरी, आज तू भी अपना भोजन जल्दी कर ले! हम लोग भोजन समाप्त करके अपने घर के सामनेवाले ज्योतिराव गोविन्दराव फुले के मकान में पढ़ने के लिए जाएँगे। जहाँ सावित्रीबाई फुले ने महिलाओं के लिए रात्रि पाठशाला शुरू की है। वे सभी को मुफ्त शिक्षा देते हैं।'

ज्योतिराव एक ओर समाज के वास्तविक धरातल पर बदलाव के लिए संघर्ष कर रहे थे, दूसरी ओर अपनी लेखनी से उस संघर्ष की आवश्यकता और उद्देश्य को लगातार रेखांकित कर रहे थे।

गुलामगिरी के उद्देश्य को स्पष्ट करते हुए उन्होंने लिखा, 'इस ग्रंथ की रचना मेरे शूद्र भाइयों को केवल ब्राह्मणों द्वारा किए जानेवाले छल-कपट की जानकारी देने हेतु ही नहीं की गई है बल्कि इसके मूल में यह भी उद्देश्य है कि बंगाल के वर्तमान राज्यपाल सर जॉर्ज कैम्बेल जैसे उदार और परम सहानुभूति रखनेवाले राजनयिकों का ध्यान सिर्फ ऊँचे वर्गों को ही शिक्षा देने की खतरनाक नीति की ओर दिलाया जाए। शूद्र लोग ही इस देश की असली शक्ति और जीवन रहे हैं। उन्हें सरकार क्यों और कैसे शिक्षा से वंचित रख सकती है?'

ज्योतिराव ने रानडे तथा ज्ञान प्रकाश के सम्पादक को जवाब देने के लिए 'इशारा' शीर्षक से सितम्बर, 1885 में एक छोटी पुस्तिका प्रकाशित की। 'जिस तन लागे वहि तन जाने, वीजा क्या जाने ग्वहारा रे' इस उक्ति को उद्धृत करते

हुए ज्योतिराव ने जाति व्यवस्था के कारण शूद्रों, अतिशूद्रों पर क्या-क्या बीतती है, इसकी विवेचना इस पुस्तिका में की। राजा कोई भी हो, अंग्रेज या अंग्रेजों के पूर्व सभी ने शूद्रों और अतिशूद्रों पर अत्याचार किया है। क्या कभी किसी ब्राह्मण ने मैले की टोकरियाँ सर पर उठाकर पेड़ों की जड़ में डाली। यह सवाल फुले ने पूछा।

इसी तारतम्य में 1885 में ज्योतिराव ने एक नियमित पत्रिका 'सत्सार' निकालने का निश्चय किया, जिसमें उनके सत्य विचारों और उनके द्वारा दिखाए गए सत्य मार्ग का विवरण हो। 'सत्सार' का पहला अंक जून, 1885 में प्रकाशित हुआ। इसकी भूमिका में ज्योतिराव ने लिखा, 'अंग्रेजी राज्य के प्रभाव से अब अज्ञानी शूद्रातिशूद्र थोड़ा-बहुत लिखने-पढ़ने लगे हैं। इसलिए हजारों वर्षों से ब्राह्मणों द्वारा शूद्रातिशूद्रों को चारों ओर से कैसे ठगा जाता है, इसकी 'सत्सार' नामक छोटी-सी पुस्तक में नित्य चर्चा करके जगद्वेषी ब्राह्मणों को प्रतीति कराने के उद्देश्य से यह पहला अंक पाठकों की सेवा में प्रस्तुत किया गया है।'

उन्होंने 'सत्सार-1' में सत्यशोधक समाज की विचारधारा का सविस्तार उल्लेख किया। साथ में उन्होंने ब्रह्म समाज और प्रार्थना समाज के आचार-विचार के अन्तर को स्पष्ट किया। ब्रह्म समाज और प्रार्थना समाज की बातें तो विश्वधर्म की करते हैं लेकिन उसके कार्यान्वयन के समय मुकर जाते हैं। वे दलितों के साथ बराबरी का बर्ताव नहीं करते और उन्हें अपने धार्मिक तथा सामाजिक कार्यों में सम्मिलित नहीं करते। उन्होंने स्पष्ट कहा, 'अब हमें आपके ब्रह्म समाज और प्रार्थना समाज नहीं चाहिए।' 'सत्सार-अंक 1' की पहले महीने ही 1050 प्रतियाँ बिक गईं और उसकी लोकप्रिय माँग को देखते हुए तुरन्त 2000 प्रतियाँ और निकाली गईं।

भारतीय स्त्रियों की कारुणिक स्थिति पर ज्योतिराव फुले ने 'सत्सार-अंक 2' अक्टूबर, 1885 में प्रकाशित कराया। दूसरे अंक में ज्योतिराव ने उस युग की परम विदुषी पंडिता रमाबाई के ईसाई धर्म में दीक्षित होने का उल्लेख किया। वेदों के प्रकांड पंडित चितपावन ब्राह्मण पुत्री थीं। उन्होंने संस्कृत साहित्य का विशेष अध्ययन किया, परन्तु हिन्दू धर्म में व्याप्त कुरीतियों और पाखंड के कारण उनका उसमें विश्वास कम हो गया। वह सत्य की खोज और मन की शान्ति के लिए भटकती रहीं। अन्त में वे एकेश्वरवादी हो गईं। कलकत्ता में उनके कई प्रवचन हुए। वहीं उन्होंने विद्वान दलित वकील एवं ब्रह्म समाजी बाबू विपिन बिहारी दास से विवाह किया। सन् 1880 में रमाबाई के पहले भाई की मृत्यु हो गई और 1882 में पति चल बसे। बाद में वे लन्दन चली गईं और वहाँ उन्होंने ईसाई धर्म अंगीकार कर लिया।

कट्टरवादियों ने उनके धर्म परिवर्तन पर उन्हें भला-बुरा कहा। रानडे के प्रार्थना समाज ने भी उनकी बुराई की और उनके विरुद्ध खूब लिखा। लेकिन रमाबाई के दुख के बारे में दो शब्द भी इन समाज सुधारकों के पास नहीं थे। पर, ज्योतिराव अलग मिट्टी के बने थे। उनकी दृष्टि में संकीर्णता नहीं थी। उन्होंने रमाबाई का उल्लेख करना जरूरी समझा।

1885 में भारतीय राष्ट्रीय कांग्रेस की स्थापना हुई। आधुनिक भारत में राजनीतिक क्षेत्र में यह प्रथम प्रयोग था। अभी तक सत्ता के मंत्रों का उच्चारण सिर्फ अंग्रेज ही करते थे। हिन्दुस्तानी सिर्फ सुनते थे। लेकिन ज्योतिराव कांग्रेस से दूर ही रहे। वे दूरद्रष्टा थे। कांग्रेस की नीति तथा कार्यप्रणाली में उनका कोई विश्वास नहीं था। उन्होंने बहुत जल्दी ही कांग्रेस की भीतरी संरचना को भाँप लिया था। उन्होंने स्पष्ट शब्दों में कहा कि जब तक कांग्रेस महार, मांग और अन्य किसान जातियों के कल्याण के लिए ईमानदारी के साथ कोई कार्य नहीं करती तब उसे सही मायने में राष्ट्रीय मानना गलत होगा। कांग्रेस का दर्शन ऐसा है जैसे घोड़े के आगे गाड़ी था। दरअसल जिन लोगों का समाज पर भी प्रभुत्व था। उन्हीं का भारतीय राष्ट्रीय कांग्रेस पर भी वर्चस्व था। सत्ता से भला कौन महरूम रहना चाहता था। 1857 के बाद जो सामन्त अंग्रेजी राज के सामाजिक आधार बने थे, वे अचानक प्रकट नहीं हो गए थे। वे अंग्रेजी राज के सहायक 1857 में भी थे। फिर जैसे-जैसे राजनीतिक और सामाजिक परिदृश्य बदलते गए, उनकी रणनीतियाँ भी बदलती गईं। अत: किसी न किसी बहाने तब सामन्तों/जमींदारों/राजा-महाराजाओं/नवाबों/बेगमों का जमावड़ा तो होना था। हालाँकि सामाजिक न्याय के आईने में ऐसी कारगुजारियाँ वे पहले से ही देखते रहे थे।

इस बीच उनसे ग्यानोबा ससाणे का पत्राचार चलता रहा। 'सत्यमेव जयते' अर्थात सत्य ही विजयी होता है—भारत का यह आप्त वाक्य ज्योतिराव के जीवन में पूरी सार्थकता के साथ चलता रहा। स्वतंत्र भारत का तो यह प्रतीक चिह्न ही बन गया। ग्यानोबा से पत्राचार में ज्योतिराव ने यह भी व्यक्त किया कि उनकी पत्नी गृहस्थी का सारा कामकाज सँभालती थी और पुत्रवधू को अध्ययन की स्वतंत्रता देती थी। ज्योतिराव ने अपनी पुत्रवधू राधा को सुसंस्कृत करने की कोशिश की। किसी के बुलाने पर उसे 'जी' कहना भी सिखाया।

महात्मा फुले का व्यक्तित्व झंझा के समान था जो अपने विचारों से दूसरों को झकझोरता था।

अपने विरोधियों के लिए भी ज्योतिराव के मन में कोई द्वेष नहीं होता था। वे उनकी मदद भी करते थे। उन्होंने तिलक-आगरकर को जमानत देने, जेल से रिहा होने पर उनका सत्कार करने का प्रयास किया। हालाँकि ज्योतिराव और तिलक के विचार मिलते नहीं थे। तो भी मानवीय आधार पर ज्योतिराव ने मदद की, लेकिन ज्योतिराव फुले की मृत्यु होने पर तिलक ने उनकी खबर तक नहीं छापी। आगरकर ने भी उनकी मृत्यु का समाचार नहीं दिया, उलटे 'ईसाई बना हुआ धर्मान्तरित' आदि अर्थसूचक 'रेवरेंड' के सम्बोधन से उनका उल्लेख किया।

फुले ने कभी भी सरकारी सम्मान या उपाधि प्राप्त करने के लिए किसी की खुशामद नहीं की, सरकार ने सम्मान-वस्त्र देकर एक ही बार उनका अभिनन्दन किया तो भी कट्टरपंथी पुरोहितों को आग लगी।

अपने भाषण में सावित्रीबाई कहती हैं, 'दो हजार वर्षों से ऊँची जाति के लोगों ने शूद्र-अतिशूद्रों को ज्ञान, सम्पत्ति तथा सत्ता से वंचित रखा था। इसके कारण विदेशियों ने हमारे देश पर आक्रमण करके, इन ऊँची जातियों को पराभूत किया। हम केवल देखते ही रहे। ऐसा नहीं, हमने विदेशियों का साथ दिया। यही सही इतिहास है। क्या इसके लिए ऊँची जाति के लोग जिम्मेदार नहीं हैं? मुट्ठी भर ब्राह्मण, मुट्ठी भर क्षत्रिय और मुट्ठी भर वैश्य—इन विदेशियों के साथ बड़े अहंकार के साथ लड़ते थे। वे हमें पूछते भी नहीं थे। विदेशियों ने उन्हें चारों खाने चित कर दिया।'

स्वयं ज्योतिराव ने सावित्रीबाई के योगदान के सम्बन्ध में कहा है, 'अपने जीवन में मैं जो कुछ भी कर सका। इसके लिए मेरी पत्नी कारणभूत है। सवर्ण जातियों के लोग उस समय समाज सुधारकों को 'ढेड़' कहा करते थे और उनका धिक्कार किया करते थे। इसलिए फुले को क्रान्तिकारियों के बलिदान आकर्षित नहीं कर सके।'

वसीयतनामा

ज्योतिराव फुले ने इस दुनिया से विदा होने से पहले अपनी सम्पत्ति की व्यवस्था वसीयत लिखकर कर दी ताकि उनके नहीं रहने पर परिवार के सदस्य आपस में लड़ें-मरें नहीं। उन्होंने 20 जुलाई, 1887 को अपना वसीयतनामा तैयार किया। वसीयत में उन्होंने लिखा, 20 जुलाई, 1887 रोज रविवार, असाढ़ का महीना वदी

5 के दिन, मैं ज्योतिराव गोविन्दराव फुले, पेठगंज, शहर पूना, धन्धा कॉन्ट्रैक्टर, सबब वसीयतनामा लिख करके रख रहा हूँ कि मेरी उम्र लगभग साठ-पैंसठ साल की हुई है। मेरा बड़ा भाई राजाराम गोविन्दराव फुले था, वह भी मर गया। मैं और वह अनेक वर्षों से एक-दूसरे से अलग रह रहे हैं। हम अपना-अपना रोजगार-धन्धा अलग-अलग करके निर्वाह करते आ रहे हैं। वह और मैं विभक्त हुए, तब से दोनों ने अपना-अपना खुद का धन्धा-व्यापार करके अचल और चल जायदाद कमाई है। हर कोई अपनी जायदाद का मालिक है। मेरी कोई सन्तान नहीं थी। इसलिए मैंने और मेरी पत्नी ने यशवन्त नाम के बालक को उसके जन्म से ही पाला-पोसा है। उसके जन्म के 12वें दिन उसका नाम-संस्कार भी किया था। उसे मैं और मेरी पत्नी अपना पुत्र मानते हैं। मेरा भतीजा गणपत राजाराम फुले मेरी सम्पत्ति का किसी प्रकार अधिकारी नहीं है। मेरा यशवन्त मेरी सम्पत्ति की देखभाल करेगा।

उस जायदाद का ब्योरा निम्न प्रकार से है—खंड पूना, उपखंड सब रजिस्ट्रार, हवेली, इनके अधिकार क्षेत्र के पेठगंज में हमारा मकान है। वह नकल 1 मकान नम्बर 395, खंड 11, एक मंजिल, नया बनाया गया है। उसके कम्पाउंड में कुआँ खोद करके उसे मजबूत बाँध दिया गया है। उसका कम्पाउंड इस प्रकार है—उत्तर-दक्षिण लम्बाई लगभग 65 फुट, दक्षिण से पश्चिम की ओर चौड़ाई लगभग 45 फुट और उत्तर की ओर पूरब-पश्चिम चौड़ाई लगभग 28 फुट है। इसकी चतुस्सीमा-पूरब को रास्ता है। उस पार तुमड़ी वाले बैरागियों के मकान और बापू भाई पिसान के उस तरफ हमारे भाई राजाराम के हिस्से के और उसके खुद के खरीदे हुए दो मकान हैं। दक्षिण से लगभग गली के उस पार रामचन्द्र किसन कुम्भार इनका मकान और बाबाजी राणोजी फुले इनकी वीरान जगह है। और उत्तर के करीब रास्ता है तथा उस पार म्युनिसिपालिटी के पानी के दो कुंड हैं। इस जगह पर मैंने कुछ जगह स्वयं खरीद करके रखी है। जो हमारे हिस्से की है। उन सभी जगहों पर मैंने मकान बनाए हैं। इन सभी का हम घर में रहकर हक से उपयोग ले रहे हैं।

एक नकल—मकान नम्बर 394 के तीन खंड डेढ़ मंजिल दोपल्ली है। इसकी आगे की पूरब-पश्चिम लम्बाई लगभग 32 फुट है और दक्षिण-उत्तर चौड़ाई लगभग 16 फुट है। इसकी चतुस्सीमा-पूरब को रामचन्द्र किसन कुम्भार इनके मकान का पिछला हिस्सा है। पश्चिम के आँगन के उस पार खंडूजी कृष्णाजी फुले का मकान है। और उत्तर से लगकर बाबाजी राणोजी फुले की वीरान जगह है। यह मकान हमारी पैतृक सम्पत्ति है और यह मकान मेरे हिस्से में मुझे मिला है। और मैं उसका

उपयोग कर रहा हूँ। इन दोनों मकानों का पाखाना मकान की सीमा से बाहर है और मैंने उसको नक्शे के अनुसार बनाया है। वह मेरे स्वामित्व का है। उस पर अन्य किसी का भी कोई हक, स्वामित्व और इस्तेमाल आदि कुछ भी नहीं है।

एक नकल वीरान जगह—इसकी दक्षिण-उत्तर लम्बाई लगभग 43 फुट है। इसकी पूरब-पश्चिम चौड़ाई लगभग 28 फुट है। चतुस्सीमा—पूरब से लगकर राजाराम गोविन्दराव फुले का स्वयं खरीदा हुआ मकान नम्बर 397 है, उसका पिछवाड़ा है। पश्चिम से लगकर गली के उस पार मुहम्मद मीरखाँ मुस्लिम का मकान है। दक्षिण की तरफ गली के उस पार हरीबा फुले के टूटे मकान की वीरान जगह है। और उत्तर की तरफ रास्ते के उस पार भोपाजी कुम्भार के मकान का पिछवाड़ा है। इस वीरान जगह को मैं राजाराम गोविन्दराव फुले ने इनसे खरीद लिया है और मैं उसका उपयोग कर रहा हूँ।

एक नकल दूसरी वीरान जगह—उसकी लम्बाई-चौड़ाई लिलाव पत्र में लिखी गई उसके अनुसार इसकी चतुस्सीमा—पूरब को गली के उस पार नारायण मुकुंदा कांडगा इनके मकान की सीमा है। पश्चिम की तरफ गली के उस पार बालाजी दुलमाजी आल्हाट के मकान का पिछवाड़ा है। दक्षिण की ओर गली के उस पार बाबाजी मुकुंदा कांडगा इनके मकान का अगला भाग है। और उत्तर की ओर खंडाजी कुसाजी फुले इनके मकान का हिस्सा है। इस वीरान जगह को खरीद करके हम अपने अधिकार में इसका उपयोग कर रहे हैं।

एक नकल वीरान जगह—पहले बुजुर्ग गोविन्दराव शेटीबा फुले ने ज्योतिबा विठोबा फुले इनका मकान नीलाम में खरीद लिया था। अब वह मकान टूट जाने से वहाँ वीरान जगह हो गई है। इस वीरान जगह में हमारा आधा विभाजन का हिस्सा है और आधा हिस्सा राजाराम गोविन्दराव फुले इनका है। और मौजा खानवड़ी, तहसील पुरंधर, जिला पूना, इस गाँव में हम फुले परिवार वालों का पैतृक नौ खंडों का दोपल्ली वाड़ा है जो दो कम्पाउंडों का है और उसी प्रकार उस गाँव की हवेलियों में, खेतों में, जमीन पर विद्यमान कुओं, बागों आदि चीजों पर अधिकार के सम्बन्ध में हमारे बुजुर्ग गोविन्दराव शेटीबा फुले इनकी आधी हिस्सेदारी है। उन सभी में आधी हिस्सेदारी हमारे बड़े भाई राजाराम गोविन्दराव फुले इनकी और आधी हिस्सेदारी मेरी है।

इस तरह मेरी अचल सम्पत्ति है। इसके अलावा मेरे घर में चल सम्पत्ति भी है। उसकी जानकारी मुझे और मेरी पत्नी को मालूम है। उस सारी जायदाद के हम दोनों

मालिक हैं। हम दोनों के बाद हमारा पुत्र यशवन्त ही हमारे अचल और चल आदि हर प्रकार की जायदाद का मालिक है और उसके समझदार तथा बालिग होने पर उसको ही उस प्रकार का परम्पराधिकार प्राप्त होगा और उसको अपने वंश परम्परा से पूरा उपभोग लेकर अधिकार कायम करना चाहिए। हमारी जायदाद पर हमारे भाई और भतीजा गणपतराव राजाराम फुले आदि किसी का वंश परम्परा से अधिकार या हक या दावा नहीं और मेरी किसी भी प्रकार की जायदाद पर अन्य किसी का भी कोई अधिकार नहीं। हमारे सारे चल और अचल तथा आगे की सारी जायदाद का मालिक हमारा पुत्र यशवन्त ही है। फिलहाल वह नाबालिग है। मैं और मेरा परिवार सावित्री उसकी परवरिश करके उसको पढ़ा रहे हैं। उसकी वजह यही है कि चिरंजीवी यशवन्त को चाहिए कि शूद्रादि-अतिशूद्र मानव भाइयों को अनेक मानवी हकों के प्रति जागृत करे, उनको धूर्त-पाखंडी-मानव द्रोही आर्यभट्ट ब्राह्मणों के षड्यंत्र से मुक्त करने के लिए अपना सब कुछ न्योछावर करके उसको (चिरंजीवी यशवन्त को) अपने जीवन की सार्थकता सिद्ध करनी चाहिए।

अज्ञानी लोगों की गलत मान्यताओं के अनुसार चिरंजीव यशवन्त का ब्याह हुआ हो या न हुआ हो, मैं ज्योतिराव गोविन्दराव फुले और मेरी शादीशुदा पत्नी सौभाग्यवती सावित्रीबाई पति ज्योतिराव फुले हम दोनों के मरने के बाद हम दोनों के अन्तिम संस्कार और तमाम विधि सत्यशोधक समाज पद्धति के अनुसार करने के केवल चिरंजीव यशवन्त को ही यह अधिकार है। और हम दोनों के मृत शरीर को हमारे परम्परागत रिवाज के अनुसार यथा-सामर्थ्य नमक डाल करके दफन कर देना चाहिए। आर्यभट्ट ब्राह्मणों की नकल करके हमारे मृत शरीर को अग्नि को समर्पित नहीं करना चाहिए। चिरंजीव यशवन्त यदि हमारी मृत्यु के समय न हों तो सत्यशोधक समाज का जो भी कोई सदस्य वहाँ मौजूद हो, उसको सभी संस्कार और विधि करने का अधिकार है।

उदार मन से बच्चे (यशवन्त) को वे प्यार करते थे। साथ ही कड़े मन से उसी बच्चे के बिगड़ जाने पर उसे धिक्कार करना भी जानते थे। धिक्कार ही नहीं बल्कि बहिष्कार करने की कुव्वत भी रखते थे वे। किसी व्यक्ति की इससे बड़ी कर्तव्यनिष्ठा और क्या हो सकती है। वे लिखते हैं—

मेरे मरने के बाद चिरंजीव यशवन्त हमेशा स्कूल में जाकर सही अध्ययन करके मैट्रिक में उत्तीर्ण होकर बाकी की उपाधियाँ प्राप्त करने के लिए प्रयास करने के बजाय विदेशी लोगों के आवारा बच्चों की तरह बर्ताव करने लगे तो मेरी पत्नी

द्वारा सत्यशोधक समाज के सदस्यों के बहुमत से चिरंजीव यशवन्त को मेरे हिस्से के पूना के मकान नम्बर 394 का या खानवड़ी के मेरे हिस्से की हवेली का, खेतों का, बाग और कुएँ का हिस्सा देकर बाकी उसके नाम की सारी जायदाद खारिज समझनी चाहिए और (सत्यशोधक) समाज के सदस्यों के बहुमत से यशवन्त के स्थान पर माली, कुनबी, धनगर आदि शूद्र समाज का जो भी कोई लड़का सारे लड़कों में होशियार और लायक हो, उसको मेरी जायदाद का हकदार बना करके उसके हाथों सारा कार्य करवाना चाहिए। सारांश में शूद्रादि-अतिशूद्रों को गुलामों के गुलाम माननेवाले आर्यभट्ट ब्राह्मण जाति के लोगों को और उनके अनुयायियों को भी मेरे मृत शरीर को छूने नहीं देना चाहिए या उससे सम्बन्धित सभी संस्कार विधि पर उनकी छाँव को भी छूने नहीं देना चाहिए। इसलिए निर्माता की बड़ी विनम्रता से प्रार्थना करके यह वसीयतनामा हम लोगों ने अपनी इच्छा से और सोच-समझ करके होश में रह करके ही लिख के रखा है।

दि. 10 जुलाई, 1887

दर्ज करनेवाले
दस्तखत
विष्णु कोंडदेव कारकुर
असल
Sd/Balkrishna Abaji
सब-रजि. हवेली

Sd/Jotirao Govindrao Phooley

सब-रजि., निम्न प्रकार से फी प्राप्त हुई पंजीकरण फी रु. 2 नकल फी फोलियो रु. 2 आना 3 कुल रु. 4 आना 3

दस्तखत
ज्योतिराव गोविन्दराव फुले, दस्तुरखुद
Jotirao Govindrao Phooley
गवाह
दस्तखत
सेवाराम शिवराम
तिवारी चाकण, तह. हवेली, पूना, मेरे सामने यह वसीयतनामा दर्ज करवाया
Sd/Puraohansingh, G.G.R.
Sd/Murlidhar Sd/Balkrishna Abaji
Rajaram Pirway.
मुरलीधर राजाराम दस्तुरखुद
Sd/Vinayak Bappoji Bhandarkar

Mr. Jotirao Govindrao Phooley is in the full possession of his Senses. Sd/Vishram Ramji Gholay, Assistant Surjan, Poona, 15th July, 1887.

सन् 1887 के जुलाई माह के 18 तारीख को करीबन एक या दो बजे दरमियान हवेली सब-रजि. कचहरी में लाकर यह दिया।

ज्योतिराव गोविन्दराव फुले दस्तखत करनेवाला व्यक्ति कांट्रयाक्टर, मौजा, पूना, पेठगंज, यह दस्तखत करने की बात को कबूल करते हैं और इनको नीचे दस्तखत करनेवाले सब-रजि. पहचानते हैं।

हवेली के सब-रजिस्ट्रार का ठप्पा

(तीसरे नम्बर की किताब के 8वें रजिस्ट्रार के 138 से 143 पान में 76 नम्बर में दर्ज किया है। 25 जुलाई, 1887)

ज्योतिराव स्त्री-शिक्षा, दलित-शिक्षा, वंचित वर्ग के उत्थान और सामाजिक सुधारों के कारण दीन-हीन, दलित और स्त्री जाति के मसीहा बन चुके थे। जब वे साठ वर्ष के हुए तो उनके मित्रों, हितैषियों, सहयोगियों और अनुयायियों ने उनका सार्वजनिक अभिनन्दन करने का निश्चय किया। 11 मई, 1888 को बम्बई में मांडवी के कोलीवाड़ा सभागार में अपार जनसमूह के बीच अभिनन्दन किया गया। उक्त समारोह में महाराष्ट्र भर के कार्यकर्ताओं और समाजसेवियों को आमंत्रित किया गया था।

कोलीवाड़ा का सभागार लोगों से खचाखच भरा था और विशाल जनसमूह सभागार के बाहर मैदान में एकत्रित था। बड़ौदा के महाराजा सयाजीराव भी इस समारोह में आमंत्रित किए गए थे, मगर वे किसी कारणवश नहीं आ पाए। उन्होंने अपने व्यक्तिगत सन्देश भेजा जिसमें कहा गया था कि ज्योतिराव फुले को महाराष्ट्र के बुकर टी. वाशिंगटन की पदवी प्रदान की जाए।

ज्यों ही ज्योतिराव अभिनन्दन-स्थल पर पहुँचे लोग भाव-विभोर हो उठे। लोगों की आँखों से कृतज्ञता के आँसू छलक पड़े। अनेक वक्ताओं ने ज्योतिराव फुले को दलितों का मुक्तिदाता, स्त्री-शिक्षा का जनक और नये भारत का निर्माता बताया। कुछ ने उन्हें समर्पित समाजसेवी और सच्चा देशभक्त बताया। राव बहादुर विट्ठल ने ज्योतिराव का अभिनन्दन करते हुए फूलमाला पहनाई। उन्होंने अपने उद्बोधन में कहा, 'ज्योतिराव की लगातार कोशिशों के कारण महाराष्ट्र के स्त्री-पुरुषों को मानव अधिकारों और चेतना की स्थायी धरोहर मिल गई है, इसलिए ज्योतिराव फुले सच्चे महात्मा हैं।' इसी के साथ उपस्थित जन सैलाब ने ज्योतिराव फुले की जय-जयकार की और ज्यों ही उनको पुष्पमाला पहनाई, सभी ने समवेत स्वर में कहा, 'हम सभी उपस्थित जन ज्योतिराव फुले को स्वरस्फूर्ति से महात्मा की उपाधि प्रदान करते हैं।'

इस तरह वे महात्मा की उपाधि से विभूषित हो गए। पर महात्मा कैसे थे। न उनके पास छायादार वृक्षों से घिरा आश्रम था और न ही उनकी सेवा या चाकरी करनेवाले नौकर। न ही उनके शरीर की मालिश करने के लिए बाँदियाँ। उनके पास बाहर जाने के लिए न मोटर थी और न टमटम। गर्मी में पंखा झलनेवाली सेविकाएँ भी नहीं थीं। उनकी जीवनचर्या वैसी ही चलती रही जैसी महात्मा की उपाधि मिलने से पहले थी। वे आम आदमी की तरह ही अपना जीवन-यापन करते रहे। उनके सुख-दुख में हिस्सेदारी रखते रहे।

घर में बेटा हो या बेटी जन्म लेने के बाद उसे बड़ा होने में देर नहीं लगती। ज्योतिराव का दत्तक पुत्र यशवन्त अब सोलहवें वर्ष में लग गया था। उस समय की रीति के अनुसार, उसका विवाह अब तक हो जाना चाहिए था। पर कौन उसे अपनी लड़की देता? सामाजिक विषमता की पक्की लकीर ने उसकी ऐसी पहचान बना दी थी कि जन्म लेते ही उस पर कालिख लग गई थी। हालाँकि इसमें उसका कोई दोष न था। दोष था अगर तो वह पुरुष वासना-दृष्टि का। वह एक ब्राह्मण विधवा का अवैध पुत्र था। दुख की बात थी कि ब्राह्मणों ने ही ब्राह्मणी की कोख से पैदा हुई सन्तान का बहिष्कार किया।

समाज में जाति की बेल तो ऊपर से नीचे तक थी। परम्पराएँ और रूढ़ियाँ भी वैसे ही जीवन की संरचना में गुँथी हुई थीं। उन निर्मम परम्पराओं तथा रूढ़ियों पर कौन चोट करता। अधिकांश ब्राह्मणों ने अंग्रेजी सत्ता से हाथ मिला लिए थे। अंग्रेजों को भी यह सब सुहाता था। क्योंकि अंग्रेज शासक थे और व्यापारी भी। खरीदने और बेचने में वे सिद्धहस्थ थे।

कभी-कभी लगता कि ज्योतिराव अकेले पड़ते चले जा रहे हैं। पर उन्हें चिन्ता नहीं थी। फुले दम्पती ने मिल-जुलकर यशवन्त को अपना समझकर पाल-पोसकर बड़ा किया था। देखा जाए तो दो चुनौतियाँ उनकी पूरी हो गई थीं। पहली यशवन्त को गोद लेकर उसे अपनत्व देना, अपने परिवार से जोड़ना। दूसरी, उसके बचपन को जवानी तक ले जाना। अब तीसरी चुनौती पूरी करनी थी यानी जवान हो चुके यशवन्त का विवाह करना। ऐसी बात नहीं थी कि ज्योतिराव को बेटे के विवाह की चिन्ता नहीं थी। चिन्ता तो सावित्रीबाई को भी थी। दोनों जब घर में अकेले होते तो यशवन्त के विवाह के सूत्र को आगे बढ़ाने के लिए परस्पर बातचीत करते। बेटे की होनेवाली बहू कैसी होगी, इस पर पति-पत्नी में हँसी-मजाक भी होती थी। यह सिर्फ सपनों की बात नहीं थी। उन सपनों को धरातल पर उतारने की कोशिशें भी

थीं। पर सबसे पहले उन्हें अपने बेटे को किसी लायक बनाना था।

उस समय यशवन्त हाईस्कूल में पढ़ रहा था। हालाँकि विवाह उन दिनों बच्चों का खेल था, पर उस खेल में यशवन्त के भविष्य का भी सवाल था। फुले दम्पती जब स्वयं जिम्मेदार हों था बेटे को कैसे जिम्मेदार व्यक्ति नहीं बनाता। ज्योतिराव और सावित्रीबाई सामाजिक न्याय की परम्परा को यशवन्त के भीतर भी पल्लवित करना चाहते थे। इसलिए एक तरफ उन्होंने बेटे को अच्छी शिक्षा-दीक्षा देकर डॉक्टर बनाया तो दूसरी ओर सत्यशोधक समाज द्वारा उसे अच्छे संस्कार दिए। सामाजिक विषमता के खिलाफ उसे लड़ना सिखाया।

यह सब होते-होते अन्ततः यशवन्त की विवाहबेला आ ही गई। ज्योतिराव के गहरे मित्र थे ग्यानोबा ससाने, जो हड़पसर में रहते थे। वे भी ज्योतिराव का सम्मान करते थे और अक्सर फुले दम्पती के द्वारा किए जा रहे सामाजिक कार्यों का लोगों के सामने उदाहरण दिया करते थे। उनकी पुत्री भी विवाह योग्य हो गई थी। नाम था उसका राधा। एक दिन समय निकालकर ज्योतिराव ने ग्यानोबा के सामने विवाह का प्रस्ताव रखा। जिसे उन्होंने भी खुशी से स्वीकार कर लिया।

4 फरवरी, 1889 को यशवन्त और राधा का विवाह एक सादे समारोह में सम्पन्न हो गया। पुत्रवधू की आयु ग्यारह वर्ष थी। सम्भवतः यह पहला अन्तरजातीय विवाह था। यह विवाह सत्यशोधक पद्धति से हुआ था। न विवाह की तारीख के लिए किसी ज्योतिष से शुभ मुहूर्त निकलवाया था और न ही विवाह सम्पन्न कराने के लिए किसी पुरोहित को बुलवाया था। किसी तरह के कर्मकांड और पाखंड को उन्होंने न्योता नहीं दिया था। विवाह में विचारवान लोगों को आमंत्रित किया गया था। विवाह के बाद ज्योतिराव ने पुत्रवधू को स्कूल में प्रवेश दिलाया।

ज्योतिराव हर तरह से सजग थे। समाज में क्या हो रहा है, इस पर उनकी नजर रहती थी। 1889 के जून-जुलाई के महीनों में बम्बई नगरपालिका में भंगियों की हड़ताल हुई। अक्टूबर, 1889 में भी बम्बई के पास अलीबाग में भंगियों ने हड़ताल की थी। उनकी हड़ताल जोर-शोर से हुई और वे नगरपालिका से अपनी माँगें मनवाकर ही रहे। ज्योतिराव के संज्ञान में यह सब कुछ था। वे आन्दोलनकारियों की माँगों से सहमत थे।

इसी दौरान, ज्योतिराव के कुछ अनुयायियों ने विधवाओं के केश मुंडन प्रथा पर करारी चोट लगाने का निर्णय लिया। इससे पूर्व ब्राह्मणों ने नाई समाज का, उनके द्वारा सत्यशोधक समाज के नियमानुसार, विवाह रचाने पर विरोध किया था। इससे

उनकी इजारेदारी जो खत्म होती थी। इसके कारण ब्राह्मण और नाइयों में तनाव बना हुआ था। ज्योतिराव ने विधवा केश मुंडन प्रथा को समाप्त करने में उनका उपयोग करने की सोची। नित्य दिन समाचार मिलते थे कि ब्राह्मण अपनी विधवाओं के जबरन केश मुंडन कराते हैं। नाई समाज के लोगों ने ब्राह्मण विधवाओं के केश मुंडन का बहिष्कार कर डाला। मानवीय आधार पर यह आन्दोलन के हित में भी था। मजबूर ब्राह्मणों ने उनके साथ समझौता किया। परन्तु ज्योतिराव के शिष्यों ने अपनी पत्रिकाओं में विधवा केश मुंडन प्रथा का विरोध करते हुए नाइयों को समझाया कि वे विधवाओं के बाल न काटें। इस पर कई दिन तक बहस चलती रही। शहर से लेकर गाँवों तक में यह मुद्दा गूँजता रहा। ज्योतिराव के परम मित्र बाबा परमानन्द ने भी समाचार-पत्रों में लेख लिखकर इस प्रथा पर रोक लगाने के लिए लोगों में जागृति लाई। अन्त में 15 अप्रैल, 1890 में बम्बई के एलफिंस्टन कॉलेज के पीछे खाली पड़े मैदान में नाई समाज की जनसभा हुई। जिसमें बड़ी संख्या में नाई लोग इस सभा में उपस्थित हुए थे। उनके नेता सदोबा कृष्णाजी ने सभा की अध्यक्षता की।

यह विषय बम्बई में शीघ्र ही चर्चा का विषय बन गया। अनेक लोगों ने आत्मीयता से विचार रखे। उन्होंने कहा, इन निर्दोष विधवाओं के बाल काटने से उनके व्यवसाय की प्रतिष्ठा कम होती है। सब नाइयों ने एकजुट होकर निर्णय लिया कि वे विधवाओं के बाल काटना बन्द करेंगे। उनका निर्णय सुखद था, और समाज हित में भी था। विशेष कर महिलाओं के लिए तो और भी अच्छा था। लेकिन कर्मकांडी ब्राह्मणों के लिए दुखद था। नाई जाति के लोग प्रगतिशील थे और ब्राह्मण वैचारिक स्तर पर पिछड़ना चाहते थे। कैसा विरोधाभास था श्रेष्ठ जनों की श्रेष्ठता का। कुछ लोग कीचड़ में धँसे रहना चाहते थे तो कुछ बाहर निकल रहे थे।

सर्दी, गरमी और बरसात किसी मौसम की परवाह न करते हुए ज्योतिराव समाज सुधार के कार्य में लगे रहे। यही नहीं बल्कि अंग्रेज सरकार की गलत नीतियों का विरोध करने वाले आन्दोलन का नेतृत्व भी वे करते थे। जुलाई, 1888 में उन्हें हृदय आघात हो गया था। शरीर का एक पक्ष अशक्त हो गया था। पर वे किसी भी रूप में हार मानने वाले नहीं थे। डॉक्टर विश्राम आर. घोले उनकी चिकित्सा कर रहे थे। उन्हें बार-बार आराम करने की सलाह दे रहे थे। सयाजीराव गायकवाड़ ने भी आर्थिक सहायता भेजी। ऐसे समय उनके कुछ अनुयायी, एक पुस्तक लिखने का आग्रह कर रहे थे; जिसमें सत्यशोधक समाज के नियमानुसार धार्मिक अनुष्ठानों,

विवाह संस्कारों, मृतक क्रियाओं के सम्बन्ध में सुस्पष्ट विवेचना तथा एकरूपता हो। महात्मा ज्योतिराव का दाहिना पूरा अंग पक्षाघात के कारण शून्य हो गया था तथापि उन्होंने बाएँ हाथ से पुस्तक लिखना प्रारम्भ कर दिया। काफी मेहनत-मशक्कत से 1888 के अन्त तक उन्होंने पुस्तक पूरी कर दी।

15 नवम्बर, 1890 के दिन ज्योतिराव का स्वास्थ्य अत्यधिक बिगड़ गया। उन्हें ऐसा लग रहा था जैसे उनका अन्तिम समय आ गया है। सारा दिन परिवार के सदस्यों का उदासी में ही बीता। आखिर एक न एक दिन तो सभी को जाना ही होता है। जैसे ही संध्या हुई, ज्योतिराव ने परिवार के लोगों को अपनी चारपाई के पास बुलाया। फिर रात हुई। प्रात:काल की भोर के साथ ही ज्योतिराव के निधन का समाचार सारे शहर में बिजली की तरह फैल गया। लोगों में बेचैनी भर गई। वे उनके निवास की ओर दौड़ने-भागने लगे। अपने मार्गदाता, उद्धारकर्ता के अन्तिम दर्शन के लिए। उनमें शामिल थे महार-मांग, धेड़, चमार, अछूत जिनके लिए ज्योतिराव ने पहली पाठशाला शुरू की थी। उनमें थे माली, तेली, ताम्बोली, कुनबी, मराठा, सारा बहुजन समाज उमड़ पड़ा। जिन्होंने उन्हें जीवन का महत्त्व बतलाया था, जिन्होंने उन्हें आत्मसम्मान से रहना सिखाया था। कुछ ही क्षणों में मानवी का, नर-नारियों का एक समुद्र निर्मित हो गया, ज्योतिराव के निवास स्थान के सामने। उनका पार्थिव शरीर, एक आसन पर बिठाकर, लोगों के दर्शन के लिए रखा गया।

26 नवम्बर की सुबह 10 बजे उनकी शवयात्रा आरम्भ हुई। दो घंटों के बाद शवयात्रा श्मशान भूमि पर पहुँची। ज्योतिराव ने अपने शरीर की दफन विधि करने के लिए कहा था। किन्तु उनके अनुयायियों को इस बात का पता नहीं था। अत: शरीर को अग्नि देकर ही दाह-संस्कार किया गया। उनके अनुयायी भाऊ कोंडाजी पाटिल ने शोकसभा में भाषण दिया। तत्पश्चात् ज्योतिराव के पुत्र यशवन्तराव ने चिता को प्रज्वलित किया।

इस तरह 1890 में महात्मा ज्योतिराव की जीवन-ज्योति विलीन हो गई। नवजागृत समाज पर अन्धकार छाने एवं समाज के फिर से निद्रालीन हो जाने का डर था। लेकिन इस जिम्मेदारी को कुशलता से निभाते हुए सावित्रीबाई ने अपने पति ज्योतिराव का अधूरा कार्य पूरा करने का संकल्प लिया। इस संकल्प की पूर्ति हेतु कार्यरत रहकर सावित्रीबाई ने अथक परिश्रम करके समाज सेवा में पदार्पण किया।

1891 में महात्मा फुले की प्रथम पुण्यतिथि के अवसर पर फुले के निकटतम सहयोगी महाघट पाटील ने 'महात्मा फुले यांचे अमर जीवन' पुस्तक लिखी और सत्यशोधक समाज के चालक की हैसियत से प्रकाशित की। महाघट ज्योतिराव के एक सच्चे साथी थे। यह पुस्तक उन्होंने सावित्रीबाई को अर्पण की। सावित्रीबाई महात्मा फुले की पत्नी के रूप में नहीं बल्कि एक समाज सेविका एवं सत्यशोधक समाज की सफल नेता के रूप में भी मान्यता प्राप्त कर चुकी थीं। महाघट पाटील ने अपनी पुस्तक में लिखा, 'आज महात्मा ज्योतिराव हमारे बीच नहीं हैं लेकिन उनकी मृत्यु से पहले ही सावित्रीबाई ने उनका कार्यभार अपने कन्धों पर सँभाल लिया था। आज तो सत्यशोधक समाज की सारी जिम्मेदारी उन पर ही है। अतः सभी सत्यशोधकों के लिए उनकी मदद करना अनिवार्य है।" महाघट के शब्दों में यह आह्वान निहित था कि महात्मा ज्योतिराव की मृत्यु के पश्चात् उनका अधूरा कार्य पूरा करना हम सभी का कर्तव्य है।

परिशिष्ट

परिशिष्ट : एक

ग्रामजोशी के अधिकारों के सम्बन्ध में मुकदमा नम्बर 831 (सन् 1884 का हासिल)

सूचना

हिन्दू धर्म के सभी अनुयायियों को खास तौर पर मराठा, माली, कुनबी, धीमर, धनगर आदि जाति के लोगों को इस पत्र के द्वारा सूचित किया जाता है कि ब्राह्मण लोगों की ओर से शादी-ब्याह के समय या देवी-देवताओं की पूजा-प्रार्थना करने के समय और अन्य शुभ-अशुभ कार्यों के समय मनचाहे प्रकार से रुकावट डालकर यजमानों से पैसा माँगते हैं। इन तमाम कारणों से कई दिनों से ऊपर दर्शाए गए शूद्र जाति के लोग इस बम्बई इलाके की कई जगह पर बिना ब्राह्मण-पुरोहितों के ऊपर दर्शाए गए धर्म-सम्बन्धी कार्य कर रहे हैं। बालाजी उर्फ काशीबा कुशाजी पाटिल डुमरे ने बिना पंडित के स्वयं अपने हाथों अपनी दोनों बेटियों का विवाह रचाया है, लेकिन इन लोगों द्वारा अपना धार्मिक कार्य स्वयं करना जोशी-पुरोहितों को अच्छा नहीं लग रहा है। उनको बगैर खून-पसीना बहाए हराम से मिलनेवाली आय डूबती हुई दिखाई दे रही है।

पाटिल ने भी स्वयं अपने हाथों अपनी बेटियों का ब्याह रचकर पुरोहितों का साढ़े छह आने का नुकसान किया है और इसी बात को देख करके जुन्नर प्रान्त के जगन्नाथ, शंकर बापूजी, बलवन्त सखाराम, रामचन्द्र सदाशिव जोशी, आदि ब्राह्मण-पुरोहितों ने ओतुर के कुछ पुरोहितों (जोशी) को आगे करके उस नुकसान का मुआवजा बालाजी से वसूल करने के लिए जुन्नर के कोर्ट में मुकदमा दर्ज किया है।

आज के युग के स्वरूप को देखते हुए ब्राह्मण-पुरोहितों का अन्य लोगों पर कोई हक ही नहीं है, यह बात न्याय की नजरों में पूरी तरह सत्य है। न्यायकर्ता महादेव श्रीधर, सबार्डिनेट जज, जो जाति से ब्राह्मण है, इन्होंने अपने ब्राह्मण फरियादी

के स्वरूप की ओर देखकर ता. 29 मार्च, 1886 को इस तरह का प्रस्ताव मंजूर किया कि हर शादी के मुआवजे के रूप में गैर-अर्जदार बालाजी पाटिल डुमरे को चार आने मतलब दोनों शादियों के लिए आठ आने देने चाहिए। इस फैसले के विरोध में ऊँचे कोर्ट में गैर-अर्जदार की ओर से अभी तक कोई अपील नहीं की गई है। लेकिन अपील का निर्णय होने तक हमारे लोगों को मतलब जिनके घर में शादी-ब्याह होंगे, उन्हें प्रति शादी के लिए उपर्युक्त माननीय सब-जज साहब के प्रस्ताव के अनुसार, फिलहाल केवल चार आने शादी की पूरी विधि करने के बाद देने पड़ेंगे, यह सभी को सूचित किया जा रहा है।

अर्जदार का नम्बर 831 सन् 1884 का
ज्योतिराव गोविन्दराव लोखंडे
नारायण मेघाजी लोखंडे
भाई कांडाजी पा. डुंबरे
रामचन्द्र तुकाराम हेजीब
लक्ष्मण गणुजी शेटे
विश्राम कुशाची पा. पवार
रावजी मल्हारजी बोकड
संत रामजी लाड
चिमणाजी मथाजी पा. डुंबरे
गणु बापुजी पा. डुंबरे

1855 में किसानों और मजदूरों के लिए रात्रि पाठशाला शुरू हुई

सावित्रीबाई ने 1856 में ज्योतिराव ने यह पत्र लिखा, जब वह अपने पिता के घर पर किसी बीमारी से उबर रही थीं। इस पत्र में अपने भाई के साथ हुई बातचीत को बयान करती हैं। वह अपने भाई की इस विनती को खारिज करती हैं कि वह और ज्योति अपनी जाति की प्रथाओं के सामने नतमस्तक हों और ब्राह्मणों के आदेशों का पालन करें...सावित्रीबाई बहुत दृढ़ता से पुणे में चल रही अपनी सामाजिक और शैक्षिक गतिविधियों का बचाव करती हैं।

अक्टूबर, 1856
सत्यमूर्ति, ज्योतिबा मेरे स्वामी
सावित्री का सलाम!

इतने उतार-चढ़ावों के बाद लगता है मेरी तबीयत अब पूरी तरह सुधर गई है। मेरे भाई ने मेरी बीमारी में मेरी बहुत सेवा की है। उनकी सेवा और भक्तिभाव दर्शाते हैं कि वह सब में कितने स्नेही हैं! जैसे ही मैं पूरी तरह ठीक हो जाऊँगी, मैं पुणे आ जाऊँगी। कृपया मेरी चिन्ता न करें। मैं जानती हूँ कि मेरे न होने से फातिमा को कितनी मुश्किल हुई होगी, लेकिन मुझे यकीन है वह समझेगी और शिकायत नहीं करेगी।

एक दिन हम यूँ ही बातचीत कर रहे थे कि मेरे भाई ने कहा, 'तुम्हें और तुम्हारे पति को जात निकाल ठीक ही किया गया है, क्योंकि तुम दोनों महार और मांग की सेवा करते हो। पतित लोग हैं और उनकी मदद करने के द्वारा तुम परिवार का नाम बदनाम कर रहे हो। इसलिए मैं कहता हूँ कि तुम हमारी जाति की प्रथाओं के अनुसार व्यवहार करो और ब्राह्मणों के आदेशों का पालन करो।' मेरे भाई की इन कठोर बातों से माँ बहुत ही व्यथित हुई। हालाँकि मेरे भाई भले आदमी हैं लेकिन

उनकी सोच बहुत संकीर्ण है, इसलिए उन्होंने हमारी कठोर आलोचना करने और हमें भला-बुरा कहने में संकोच नहीं किया। मेरी माँ ने उन्हें डाँटा नहीं, लेकिन कहा कि वह अपने होश में आए।

मैंने अपने सामाजिक कार्य का बचाव करने और उनकी गलतफहमी को दूर करने का प्रयास किया। मैंने उन्हें कहा, 'भैया आपकी सोच संकीर्ण है और ब्राह्मणों की सोच ने उन्हें और भी बदतर बना दिया है। बकरी और न्याय जैसे जानवर आपके लिए अछूत नहीं हैं और बड़े प्यार से उन्हें छूते हो। नागपंचमी के दिन आप जहरीले साँपों को पकड़कर उन्हें दूध पिलाते हो, लेकिन आप महार और मांग को, जो आपकी और मेरी तरह इनसान हैं। उन्हें तुम अछूत समझते हो। क्या आप मुझे इसकी कोई वजह बता सकते हो? जब ब्राह्मण अपने पवित्र वस्त्र पहनकर पूजा-पाठ करते हैं कि आपका स्पर्श उन्हें दूषित कर देगा। वे आपके साथ महारों से अलग व्यवहार नहीं करते।'

मेरे भाई ने यह सुना तो उनका चेहरा लाल हो गया, लेकिन उन्होंने मुझसे पूछा, 'तुम उन महार और मांगों को क्यों पढ़ाती हो? लोग तुम्हें गालियाँ देते हैं कि तुम अछूतों को पढ़ाती हो। मुझसे बर्दाश्त नहीं होता जब लोग तुम्हें बुरी बातें बोलते हैं और तुम्हारे काम में अड़ंगा डालते हैं। मैं ऐसा बर्दाश्त नहीं कर सकता।' मैंने कहा, 'पढ़ाई-लिखाई की कमी निरी पाशविकता है।' शिक्षा और ज्ञान उत्कृष्ट चीजें हैं। जो ज्ञान हासिल कर लेता है, वह अपना निचला दर्जा त्याग कर ऊँचा दर्जा प्राप्त करता है।

मेरे पति देवता समान पुरुष हैं। इस दुनिया में उनके बराबर कोई नहीं, किसी से उनकी तुलना नहीं की जा सकती। उन्हें लगता है कि अछूतों को ज्ञान अर्जित करना चाहिए और आजादी प्राप्त करनी चाहिए। वह ब्राह्मणों से टक्कर लेते हैं और अछूतों को पढ़ाने के लिए उनसे संघर्ष करते हैं, क्योंकि उनका मानना है कि वह भी बाकी लोगों की तरह ही मनुष्य हैं और उन्हें भी गरिमामय मनुष्य की तरह जीना चाहिए। इसके लिए उन्हें शिक्षित होना होगा। मैं भी उन्हें इसी कारण पढ़ाती हूँ। इसमें गलत क्या है? हाँ, हम दोनों लड़कियों को, औरतों को, माँगों और महारों को शिक्षा देते हैं। ब्राह्मण नाराज हैं, क्योंकि उन्हें लगता है इससे उन्हें परेशानी होगी। इसलिए वे हमारा विरोध करते हैं और यह मंच जपते रहते हैं कि ऐसा करना हमारे धर्म के खिलाफ है। वे हमारी निन्दा करते हैं और हमें बहिष्कृत करते हैं और आपके जैसे अच्छे लोगों के मनों में भी जहर घोलते हैं।

'आपको जरूर याद होगा कि अंग्रेज सरकार ने मेरे पति को उनके महान कार्य के लिए सम्मानित करने के लिए एक समारोह का आयोजन किया था। उनके सम्मान ने दुष्ट लोगों के मनों में जलन पैदा कर दी। मैं आपको बताना चाहती हूँ कि मेरे पति आपकी तरह केवल ईश्वर का नाम लेने या तीर्थ करनेवाले नहीं हैं। वह जो कार्य कर रहे हैं उसमें उनकी मैं सहायता करती हूँ। और मुझे यह काम अच्छा लगता है। ऐसी सेवा करने के द्वारा मुझे अपार खुशी प्राप्त होती है। इससे यह भी पता चलता है कि कोई इनसान किस ऊँचाई तक पहुँच सकता है।'

माँ और भैया मेरी बात बड़े ध्यान से सुन रहे थे। मेरे भाई आखिरकार मुझसे सहमत हो गए, जो कुछ उन्होंने कहा था, उसके लिए पश्चात्ताप किया और मुझसे माफी माँगी। माँ ने कहा, 'सावित्री तुम्हारी बुद्धिमत्तापूर्ण बातें सुनकर हम तो धन्य हो गए।' माँ और भाई के द्वारा ऐसी सराहना सुनकर मुझे दिली खुशी हुई। इससे आप कल्पना कर सकते हैं कि पुणे की तरह यहाँ भी कई कमअक्ल लोगों के दिलों में जहर घोल रहे हैं और हमारे खिलाफ झूठी बातें फैला रहे हैं, लेकिन हम उनसे डरकर इस भले काम को, जो हमने शुरू किया है क्यों छोड़ दें? बेहतर यही होगा कि हम इस काम में लगे रहें। हम इन सब पर विजयी होंगे और भविष्य में सफलता हमारे ही हाथ लगेगी। भविष्य हमारा है।

मैं और क्या लिखूँ।

सविनय प्रणाम
आपकी
सावित्री

1869 में ब्राह्मणों की चालाकी पुस्तक का लेखन

सावित्रीबाई फुले के लिए जैसे पत्राचार भी सामाजिक आन्दोलन था। समाज में क्या हो रहा है, वे पूरी तरह खोज-खबर रखती थीं।

दूसरा खत एक बड़ी सामाजिक वर्जना के बारे में है—एक ब्राह्मण लड़के और दलित लड़की के प्रेम सम्बन्ध के बारे में कि कैसे क्रोधित गाँव वाले उनके खून के प्यासे हो रहे थे। जब सावित्री को इसके बारे में पता चला तो उन्होंने हस्तक्षेप किया और प्रेमियों को अपने पति की शरण और सुरक्षा में भेज दिया। यह पत्र दर्शाता है कि किस तरह सावित्रीबाई निस्सहाय प्रेमियों के अन्तरजातीय विवाह के समर्थन में

आगे आई। यह काम आज भी दुस्साहसी लगता है, खास तौर पर भारत के ग्रामीण हिस्सों में यानी 150 वर्ष पहले 1860 के दशक में यह किसी क्रान्तिकारी कदम से कम नहीं था।

29 अगस्त, 1868
नयागाँव, पेटा खंडाला
सतारा
सत्यमूर्ति, ज्योतिबा मेरे स्वामी
सावित्री का सलाम!

मुझे आपका पत्र मिला। हम यहाँ ठीक-ठाक हैं। मैं अगले महीने की पाँच तारीख को आ रही हूँ। इस बारे में मेरी चिन्ता मत करें। इस बीच यहाँ एक अजीब घटना हुई। किस्सा कुछ ऐसे है। गणेश नाम का एक ब्राह्मण गाँव-गाँव जाकर धार्मिक कर्मकांड करता और लोगों को उनका भविष्य बताता है। इसी से उसकी रोजी-रोटी चलती थी। गणेश और एक किशोर लड़की शरजा जो महार बिरादरी से है, को एक-दूसरे से प्रेम हो गया। जब लोगों को उनके सम्बन्ध के बारे में पता चला तो लड़की का छठा महीना चल रहा था। जब लोगों को यह पता चला तो उन्होंने उन्हें गाँव-भर में घुमाया और उन्हें मार डालने की धमकी दी।

मुझे इस घातक योजना का पता चला तो मैं तुरन्त उस स्थान पर पहुँची और उन्हें डरा-धमकाकर वहाँ से भगा दिया। मैंने उन्हें बताया कि अगर वह यह हत्याएँ करेंगे तो ब्रितानी कानून के तहत उन्हें इसके गम्भीर परिणाम भुगतने होंगे। मेरी बात सुनने के बाद उन्होंने अपना इरादा बदल दिया।

साधु भाऊ ने गुस्से में भरकर कहा कि इस कपटी ब्राह्मण लड़के और लड़की को गाँव छोड़कर चले जाना चाहिए। दोनों पीड़ित ऐसे करने को राजी हो गए। मेरे दखल ने इस जोड़े की जान बचा ली और वह आभार स्वरूप मेरे पाँव में गिरकर रोने लगे। मैंने किसी तरह उन्हें सांत्वना दी और शान्त किया। अब मैं उन दोनों को आपके पास भेज रही हूँ। मैं और क्या लिखूँ।

आपकी
सावित्री

यह आखिरी पत्र, जो 1877 में लिखा गया, उस अकाल का मार्मिक विवरण देता है, जिसने पश्चिमी महाराष्ट्र की कमर तोड़ दी। इनसान और जानवर मर रहे थे। सावित्री और दूसरे सत्यशोधक स्वयंसेवी पूरे जी-जान से अकालग्रस्त लोगों की मदद कर रहे थे। इस पत्र में हमें समर्पित सत्यशोधकों की एक टीम की अगुवाई कर रही निडर सावित्री की तस्वीर मिलती है जो कुछ साहूकारों की कुत्सित राजनीति से उपजे अन्दरूनी कलह और फसाद को शान्त कर रही है। वह डिस्ट्रिक्ट कलेक्टर से मिलकर बड़ी निर्भीक होकर उन्हें बताती है शीघ्रातिशीघ्र क्या करने की आवश्यकता है?

20 अप्रैल, 1877
ओटर, जन्नर
सत्यमूर्ति, ज्योतिबा मेरे स्वामी
सावित्री का सलाम!

साल 1876 चला गया, लेकिन अकाल नहीं—अपने अति विकराल रूप में यह अब भी मौजूद है। लोग मर रहे हैं। जानवर मर रहे हैं, जमीन पर गिरे पड़े हैं। भोजन की भारी कमी है। जानवरों के लिए चारा नहीं है। लोग अपने गाँव छोड़कर जाने को मजबूर हो रहे हैं। कुछ लोग अपने बच्चों, अपनी कमसिन बेटियों को बेच रहे हैं और गाँव छोड़ रहे हैं। नदियाँ, तालाब पूरी तरह सूख गए हैं। पीने का पानी तक नहीं है। पेड़ नष्ट हो रहे हैं। पेड़ों के पत्ते नहीं बचे, बंजर जमीन में हर जगह दरार पड़ रही है। सूरज तपा रहा है, जला रहा है। लोग भोजन और पानी के लिए कराह रहे हैं, जमीन पर मरने के लिए वे गिर रहे हैं। कुछ लोग जहरीले फल खा रहे हैं। अपनी प्यास बुझाने के लिए अपना ही पेशाब पी रहे हैं। वे खाने और पानी के लिए रोते हैं और फिर मर जा रहे हैं। हमारे सत्यशोधक स्वयंसेवियों ने जरूरतमन्द लोगों को खाना और जीवनरक्षक वस्तुएँ उपलब्ध करवाने के लिए कमेटियाँ बनाई हैं। उन्होंने बचाव दलों का गठन भी किया है।

भाई कोंडाज और उनकी पत्नी उमाबाई मेरा अच्छा खयाल रख रहे हैं। ओटर के शास्त्री, गणपति सखारन, डुंबरे पाटिल और दूसरे लोग आपके पास आने की योजना बना रहे हैं। अच्छा होगा अगर आप सतारा से ओटर आ जाएँ और फिर अहमदनगर जाएँ।

आपको आर.बी. कृष्णजी पंत और लक्ष्मण शास्त्री याद होंगे। वे मेरे साथ

प्रभावित इलाके में गए थे और उन्होंने पीड़ितों की रुपये-पैसे से मदद की है।

साहूकार दुष्टतापूर्वक इन हालात का फायदा उठा रहे हैं। अकाल के कारण बहुत बुरी-बुरी बातें हो रही हैं। दंगे-फसाद हो रहे हैं। कलेक्टर ने जब इसके बारे में सुना तो वह हालात को सामान्य करने आए। उन्होंने गोरे सिपाहियों को तैनात किया और हालात पर काबू पाने का प्रयास किया। पचास सत्यशोधकों को गिरफ्तार किया गया। कलेक्टर ने मुझे बातचीत करने के लिए बुलाया। मैंने कलेक्टर से पूछा कि इन भले स्वयंसेवियों को झूठे आरोपों में फँसाकर बेवजह क्यों पकड़ा गया है। मैंने उनसे कहा कि उन्हें तुरन्त छोड़ना चाहिए। कलेक्टर निहायत ही शरीफ और निष्पक्ष थे। वह गोरे सिपाहियों पर चिल्लाए, 'क्या पाटिल किसान डाके डालते हैं? उन्हें आजाद करो।' कलेक्टर लोगों की हालत से बहुत ही द्रवित हुए। उन्होंने तुरन्त ही ज्वार से भरी चार बैलगाड़ियाँ रवाना की।

आपने गरीबों और जरूरतमन्दों के लिए उदार और कल्याणकारी कार्यों की शुरुआत की है। इस जिम्मेदारी में मैं भी हाथ बँटाना चाहती हूँ। मैं आपको भरोसा दिलाती हूँ कि मैं हमेशा आपकी सहायता करूँगी। मैं कामना करती हूँ कि इस पवित्र कार्य के द्वारा अधिक से अधिक लोगों की सहायता की जाए।

मैं और कुछ नहीं लिखना चाहती।

आपकी
सावित्री।

परिशिष्ट : तीन

ज्योतिबा और सावित्रीबाई फुले ने अपने जीवन काल में जो विद्यालय खोले, उनकी तालिका इस प्रकार है—

क्रम	स्थान	तिथि
1.	भिडेवाड़ा पूना	1.1.1848
2.	हड़पसर, जिला—पूना	1.8.1848
3.	ओतुर, जिला—पूना	15.12.1848
4.	सासवड़, जिला—पूना	20.12.1848
5.	हरिजनवाड़ा, पूना	15.5.1849
6.	आलहाट का घर, पूना	1.7.1849
7.	नायगाँव तालुका—खंडाला, जिला—सतारा	15.7.1849
8.	शिरवल, तालुका—खंडाला, जिला—सतारा	18.7.1849
9.	तलेगाँव, ढमढेरे, जिला—पूना	1.8.1849
10.	शिरवल, जिला—पूना	8.8.1849
11.	आजीरवाड़ी माजगाँव	3.3.1850
12.	करंजे, जिला—सतारा	6.3.1850
13.	भिगार	19.9.1850
14.	मूढ़ले, जिला—पूना	1.12.1850
15.	अप्पा साहब चिपलूनकर, हवेली, पूना	3.3.1851
16.	नाना पेठ, पूना	1.12.1851
17.	रास्ता पेठ, पूना	17.9.1851
18.	बेताल पेठ, पूना	15.3.1852

सन्दर्भ

- *महात्मा फुले : साहित्य और विचार,* सं. हरि नरके, *महात्मा फुले चरित्र,* साधने प्रकाशन समिति, बैरक नं. 18, मंत्रालय के सामने, मुम्बई-400 021, प्रथम संस्करण 28 नवम्बर, 1993
- *महाराष्ट्र मानस* (म. जोतिराव फुले स्मृति शताब्दी विशेषांक, सं. आत्माराम, मुम्बई, 16 फरवरी, 1991
- *अस्मिता दर्श,* दीवाली अंक 1972
- राव साहेब कसबे, *सामाजिक क्रान्ति के प्रणेता,* महात्मा जोतिराव फुले
- *सार्वजनिक सत्य धर्म* पुस्तक, मूल मराठी लेखक, महात्मा जोतिराव फुले, हिन्दी अनुवाद प्रा. वेदकुमार वेदालंकार, निर्माण प्रबन्ध, हरि नरके, महाराष्ट्र शासन मंत्रालय, मुम्बई, 1995
- महात्मा जोतिराव फुले, सं. डी.के. खापर्डे, बहुजन पब्लिकेशन ट्रस्ट, करोलबाग, नई दिल्ली, 1990
- तात्या साहब राष्ट्रपिता महात्मा जोतिराव फुले *जीवन चरित* (हिन्दी) राजाराम सूर्यवंशी, सत्यशोधक छत्रपति ज्ञानपीठ, 2014
- Phules and women's question, Compiled and edited by Lalitha Dhara, Dr. Ambedkar College of Commerce Economics, Mumbai–400 031, 2011
- डॉ. एम.जी. माली, क्रान्ति ज्योति सावित्रीबाई फुले, प्रकाशन विभाग, भारत सरकार, नई दिल्ली, जून, 1986
- *देस हरियाणा* (सावित्रीबाई जोतिबा फुले के *भाषण व पत्र विशेषांक* जनवरी-अप्रैल 2022, फाउंडेशन, 912, सेक्टर-13, कुरुक्षेत्र
- *होम डिपार्टमेंट, सीरियल नं. 3 पेपर रिलेटिंग टु पन्फेंट मैरिज एंड एन्होर्स्ड बिहोल्ड इन इंडिया,* कलकत्ता, 1886, पृ. 46-47
- महात्मा फुले : *समग्र वाङ्मय* (मराठी), सं. धनंजय कीर, बम्बई, 1969
- जोतिराव गोविन्दराव फुले *गुलामगिरी,* सं. डॉ. विमल कीर्ति, प्रगतिवादी प्रकाशन, नागपुर, 1991
- *आम्ही पाहिलेले फुले* (मराठी) सं. हरि नरके
- डॉ. मु. ब. शहा; मानवीय समाज क्रान्ति के जनक महात्मा जोतिबा फुले, राधाकृष्ण प्रकाशन, नई दिल्ली, 1992
- *सत्सार, इशारा* (अनु. डॉ. एल.जी. मेश्राम) विमल कीर्ति, सचिव नाग अध्ययन मंडल, तहसील पवनी, जिला भंडारा, 1988
- सोनाग्रा रतनलाल, डॉ. बाबा साहेब आंबेडकर जी के गुरु क्रान्तिबा फुले (नाटक) *महात्मा*

फुले आंबेडकर विचार दर्शन, समता रथ समिति, न्यू मोदीखाना, पुणे, 1987

- डॉ. ब्रजलाल वर्मा, *बहुमुखी क्रान्ति के ज्योति-स्तम्भ* महात्मा जोतिराव फुले (सामाजिक क्रान्ति के सूत्रधार) भावना प्रकाशन, 20, टैगोर टाउन, इलाहाबाद, 1987
- मुरलीधर जगताप, *सामाजिक क्रान्ति के अग्रदूत महात्मा ज्योतिबा फुले*, गौतम बुद्ध सेंटर, दिल्ली-2016
- समाज भूषण सावित्रीबाई फुले का *अल्प जीवन चरित्र* (मराठी में 1939 में प्रकाशित पहली जीवनी) शान्ताबाई बनकर, हिन्दी अनुवाद पुरुषोत्तम कुंदे *आलोचना त्रैमासिक*, जनवरी-मार्च, 2022, नई दिल्ली।
- वीर भारत तलवार, रस्साकशी, सारांश प्रकाशन, मयूर विहार, दिल्ली-2006
- ये पत्र अ फॉरगाटन लिबरेटर, द लाइफ एंड स्ट्रगल्स ऑफ सावित्रीबाई फुले (सम्पादन ब्रजरंजन मणि एवं पैमेला सरदार) से अंश स्वरूप लिए गए हैं। भूमिका सहित मूल मराठी से इनका अंग्रेजी अनुवाद सुनील सरदार ने किया है। मूल मराठी से हिन्दी अनुवाद न मिलने के कारण अंग्रेजी से ही यह अनुवाद प्रस्तुत है।
- मुक्ता सालवे (2019) दलित स्त्री लेखन का पहला दस्तावेज, स्त्रीकाल वॉल्यूम-3, अंक 1-21
- डॉ. सिद्धार्थ, बहुजन नवजागरण और प्रतिरोध के विविध स्वर, अगोरा प्रकाशन, वाराणसी, 2020
- शान्तिस्वरूप बौद्ध, क्रान्ति ज्योति सावित्रीबाई फुले की अमर कहानी, सम्यक प्रकाशन, नई दिल्ली, 2016

(ब्लॉग से साभार)